HEIKE HAWICKS
HARALD BERGER

Marsilius von Inghen und die Niederrheinlande

Zum 625. Todestag
des Gründungsrektors
der Heidelberger Universität

Universitätsverlag
WINTER
Heidelberg

Bibliografische Information der Deutschen Nationalbibliothek
Die Deutsche Nationalbibliothek verzeichnet diese Publikation
in der Deutschen Nationalbibliografie;
detaillierte bibliografische Daten sind im Internet
über *http://dnb.d-nb.de* abrufbar.

Gedruckt mit Unterstützung
der Stadt-Heidelberg-Stiftung
und des Freundeskreises für Archiv und Museum
der Universität Heidelberg e.V.

UMSCHLAGBILD

Titelbild:
Portrait des Marsilius von Inghen (Universitätsarchiv Heidelberg, Gra I Nr. 26) mit Schriftzug seines Namens von der Zeichnung des heute verlorenen Grabsteins in der Peterskirche am Rand der Nachricht über seinen Tod am 20. August 1396 im ältesten Amtsbuch der Juristischen Fakultät (UAH 653, fol. 61v; URL:https://digi.ub.uni-heidelberg.de/diglit/uah_ra653/0134).

Hintergrundbilder:
Gründungsbericht und Aufzeichnungen zum ersten Rektorat des Marsilius von Inghen im ältesten Amtsbuch der Juristischen Fakultät mit der Überlieferung des verlorenen ersten Rektorbuchs (UAH 653, fol. 35v-36r; URL: https://digi.ub.uni-heidelberg.de/diglit/uah_ra653/0082; https://digi.ub.uni-heidelberg.de/diglit/uah_ra653/0083).

ISBN 978-3-8253-4897-7

Dieses Werk einschließlich aller seiner Teile ist urheberrechtlich geschützt.
Jede Verwertung außerhalb der engen Grenzen des Urheberrechtsgesetzes
ist ohne Zustimmung des Verlages unzulässig und strafbar. Das gilt insbesondere für Vervielfältigungen, Übersetzungen, Mikroverfilmungen
und die Einspeicherung und Verarbeitung in elektronischen Systemen.

© 2021 Universitätsverlag Winter GmbH Heidelberg
Imprimé en Allemagne · Printed in Germany
Druck: Memminger MedienCentrum, 87700 Memmingen

Gedruckt auf umweltfreundlichem, chlorfrei gebleichtem
und alterungsbeständigem Papier.

Den Verlag erreichen Sie im Internet unter:
www.winter-verlag.de

BEITRÄGE
ZUR GESCHICHTE DER KURPFALZ
UND DER
UNIVERSITÄT HEIDELBERG

Band 1

Herausgegeben von
HEIKE HAWICKS

INHALT

Vorwort 1

Heike Hawicks
Marsilius von Inghen und die Gründung der Heidelberger
Universität im Kontext kurpfälzisch-niederrheinischer
Beziehungsgeflechte 5
    Geburtsort Ingen oder Nijmegen? 6
    Beziehungen von Marsilius zum Niederrhein während
    seiner Zeit an der Universität Paris 11
    Pfründenbesitz in der Kölner Kirchenprovinz 13
    Marsilius von Inghen und Hugo von Hervorst 15
    Marsilius im Bonner St. Cassius-Stift 19
    Die Wittelsbacher am Rhein und die Rolle Ruprechts
    von Berg 25
    Marsilius als Pfaffe am Hof von Kurfürst Ruprecht I.
    und Beatrix von Berg sowie als *anheber und regirer* des
    Studiums zu Heidelberg 29
    Nähe zu den Zisterziensern 31
    Weggefährten von Marsilius an der neu gegründeten
    Heidelberger Universität 38
    Konkurrenz und Krisen seit 1388 43
    Die Karriere eines alten Weggefährten aus der Zeit an der
    Pariser Universität: Hugo von Hervorst und seine Ämter
    im Kölner Erzbistum 51
    Der Kaiserswerther Zoll als wichtige Finanzierungsgrundlage
    der Heidelberger Universität 54
    Letzte Jahre und Tod in Heidelberg 59

Europäische Vermittlung: Propst Hugo von Hervorst
in England und Ritter Hugo von Hervorst als Gesandter
König Ruprechts auf der Iberischen Halbinsel 64

Zusammenfassung 67

Ausblick: Marsilius – eine Lebensgeschichte von gestern? 68

Was ist von Marsilius im Gedächtnis geblieben? 74

Anhang I: Karten (Itinerar und Pfründenbesitz) 77

Anhang II: Matrikelliste der Universität Heidelberg, beginnend
mit den Lehrenden von 1386–1397, gefolgt von den unter dem
ersten Rektorat des Marsilius inskribierten Studierenden 79

Harald Berger
Der Niederrhein in der Universitäts- und Philosophiegeschichte
des Spätmittelalters 87

Heike Hawicks
Schlusswort und Perspektiven 113

Heike Hawicks
Bild- und Schriftzeugnisse zu Marsilius von Inghen

    Portraitzeichnung 119

    Pariser Zeit 120

    Kirchenprovinz Köln 124

    Heidelberger Zeit 128

    Tod und Vermächtnis 138

    Moderne Rezeption 144

Quellen- und Literaturverzeichnis 149

Zu den Autoren 169

Vorwort

Der Band aus Anlass des 625-jährigen Todestages des Heidelberger Gründungsrektors Marsilius von Inghen würdigt diesen großen Gelehrten aus wissenschaftsgeschichtlicher Perspektive und stellt zugleich seine bereits von Gerhard Ritter hervorgehobene Herkunft aus den Niederrheinlanden in den Mittelpunkt. Damit erweitert er die Perspektiven, aus denen Marsilius bisher betrachtet wurde, um weitere Aspekte zu seinem Leben und der Rezeption seines Werkes.

Standen bis heute in der Heidelberger Geschichtsschreibung vor allem mit den verdienstvollen Arbeiten von Jürgen Miethke seine Tätigkeit als Rektor und Gesandter der Universität Paris sowie seine Funktion als *anheber und regirer* der Heidelberger Universität im Mittelpunkt der Betrachtung, ist es hier die Zeit, die er zwischen diesen beiden Lebensstationen am Niederrhein verbrachte, wo er auch die für sein wissenschaftliches Werk wesentlichen Kontakte hatte. So konnte Harald Berger den bisher nicht identifizierbaren berühmten Hugo, Autor der Kommentare zu Marsilius' Logik-Schriften, als Hugo von Hervorst, einen Freund aus Studientagen, identifizieren. Dieser wurde in jener Zeit, als Marsilius nach Heidelberg weiterzog, Propst des reichen Viktorstiftes in Xanten am Niederrhein. Über ihre jeweils einschlägigen Arbeiten zu diesen Personen und ihren Wirkungsstätten haben die beiden Autoren des vorliegenden Bandes zusammengefunden und sich zu dem Marsilius-Jubiläumsprojekt mit zwei Vorträgen und deren Publikation entschlossen. Es führt die niederrheinische Perspektive in einem doppelten Sinn zusammen, und zwar mit Blick auf das Werk des Marsilius, das von dem Niederrheiner Hugo so nachhaltig rezipiert und kommentiert wurde, und seinen persönlichen Lebensweg, der ihn über seine niederrheinischen Stationen in den bisher im Dunkeln liegenden 1380er Jahren an den kurpfälzischen Hof Ruprechts I. führte.

Anlass, die traditionsreiche Universität Paris zu verlassen, war für Marsilius und Hugo die bis dahin größte Erschütterung der westlichen

Christenheit, das Große Abendländische Schisma. Es wurde Auslöser für die Rückkehr vieler Gelehrter aus Frankreich, das dem in Avignon residierenden (Gegen-)Papst Clemens VII. zugewandt war, in ihre angestammten Diözesen und Pfründen im Reich, das mehrheitlich dem römischen Papst Urban VI. treu blieb. So hatten es auch Marsilius und weitere Gelehrte gehalten, die sich nahezu zeitgleich zurück in das Rheinland oder an die im Reich vorhandenen bzw. entstehenden Universitäten begaben – jedoch konnten sie wie Marsilius den schismatischen Wirren auch in der Heimat nicht entgehen. Manchen führte diese Situation auf völlig neue Pfade und Marsilius schließlich zur aktiven Mitwirkung bei der Neugründung der Universität Heidelberg. Erstmals kann in diesem gesamten Kontext auch die besondere Rolle der Frauen und Gemahlinnen aus dem Hause Wittelsbach sichtbar gemacht werden, ohne die der Lebensweg von Marsilius wohl weiterhin unerklärlich geblieben wäre.

Zugleich gedenkt dieser Band mit seinem wissenschaftsgeschichtlichen Schwerpunkt auch der von Gerhard Ritter im Jahre 1921 begonnenen Trilogie der Studien zur Spätscholastik, die unverkennbar ebenfalls an ein Marsilius-Jubiläum anknüpfen, und zwar an seinen 525-jährigen Todestag. Damit hat Ritter in den 1920er Jahren (1921, 1922 und 1927) einen Anstoß zur näheren Beschäftigung mit den im Mittelalter und bis ins 16. Jh. im europäischen Rahmen rezipierten und geachteten Schriften des Schöpfers der nach ihm benannten *via Marsiliana* gegeben. Rückblickend auf dessen wissenschaftliche Bedeutung wurde im Jahre 1931 der im Zuge des 1928 begonnenen Baues der neuen Universität entstandene Marsiliusplatz offiziell nach dem Gründungsrektor der Heidelberger Universität benannt.

Nach der Zäsur des Zweiten Weltkriegs setzte eine Beschäftigung mit Marsilius um 1977 wieder ein, als sich das 600-jährige Jubiläum des Großen Abendländischen Schismas näherte. In den 1980er Jahren zeichnete sich im Vorfeld des groß gefeierten 600-jährigen Jubiläums der Universität Heidelberg ein weiterer Schwerpunkt der Beschäftigung mit Marsilius von Inghen ab. Etwa zur selben Zeit kam es in Nijmegen im Rahmen einer Campuserweiterung zu einer Diskussion, ob man nach ihm eine Straße benennen solle, was aber an seiner fehlenden Bekanntheit in den Niederlanden scheiterte. Die 1980er Jahre bis hin zum 600. Todestag 1996 sind die bisher fruchtbarsten Jahre der Marsilius-Forschung gewesen; in dieser Zeit entstanden neben Kongressbänden auch Bibliographien zu ihm und seinem Werk.

Wenn danach ganz jubiläumsunabhängig in Heidelberg in den Jahren 2007/08 wiederum Veröffentlichungen zu Marsilius von Inghen erschienen, ist dies mit der Eröffnung des nach dem Gründungsrektor benannten Marsilius-Kollegs im Jahre 2007 zu erklären. Etwas ahistorisch erscheint die zu diesem Anlass herausgegebene Gedenkschrift aus dem Jahr 1499, die seinerzeit anlässlich des 100. Todestages von Marsilius verfasst wurde – mit dreijährigem Versatz zur eigentlichen Gedächtnisfeier des 15. Jahrhunderts, die am 24. August 1496 stattfand. Im Jahr 2016, sozusagen zum 630. Universitätsjubiläum, zog das Marsilius-Kolleg schließlich in die Ende 2015 fertiggestellten Marsilius-Arkaden am Neuenheimer Feld.

Des 1396 verstorbenen Rektors und Begründers gedachte die Universität bereits durch den ihm nachfolgenden Rektor, ebenfalls einem Niederländer, Johannes van de Noet. Im Kalender der Universität wurde damals festgehalten, dass zu seinem Gedenktag nicht gelesen werden solle. Wenngleich derlei Traditionen heute natürlich nicht mehr gepflegt werden, gilt es dennoch festzuhalten, dass 2011, zum letzten 625-jährigen Universitätsjubiläum, in der Kapelle der Peterskirche, seinem einstigen, heute nicht mehr erhaltenen Begräbnisplatz, eine Gedenkplatte zu Ehren von Marsilius in den Boden eingelassen wurde.

In diesem Jahr, dem 625. Todesjahr, soll dieses Buch nun seinen Lebensweg vom Niederrhein an die Heidelberger Residenz der Pfalzgrafen bei Rhein am Neckar nachverfolgen und den Weg seiner Schriften nachzeichnen, die wie er selbst über Jahrhunderte hinweg Ruhm und Ehre erlangten.

Möglich wurde dieses Buchprojekt durch Unterstützung der Stadt-Heidelberg-Stiftung, des Freundeskreises für Archiv und Museum der Universität Heidelberg und des Universitätsarchivs Heidelberg, denen hiermit Dank gesagt sei – ebenso Herrn Prof. Dr. Bernd Schneidmüller für die konstruktive Begleitung dieses Jubiläumsprojektes.

Heidelberg im Dezember 2021   Heike Hawicks und Harald Berger

Marsilius von Inghen und die Gründung der Heidelberger Universität im Kontext kurpfälzisch-niederrheinischer Beziehungsgeflechte

Heike Hawicks

Schon Gerhard Ritter betonte in seiner Geschichte der Universität Heidelberg im Mittelalter, dass mit Marsilius von Inghen „jene historisch ungemein bedeutsamen Beziehungen Heidelbergs zu den Niederlanden" beginnen, die „bis in die Tage der Aufklärung hinüberreichen"[1]. Diesen in der Tat über Jahrhunderte währenden Beziehungen soll dieser Aufsatz über Marsilius von Inghen nachgehen, auch wenn damit nur ein sehr begrenzter Zeitabschnitt gewürdigt wird. Die Verflechtungen der Kurpfalz und Heidelbergs mit den ‚Niederrheinlanden'[2]

---

[1] Gerhard RITTER, Die Heidelberger Universität im Mittelalter (1386–1508). Ein Stück deutscher Geschichte, Heidelberg 1936 [Nachdr. 1986], S. 56.

[2] Im Gegensatz zu Gerhard Ritter, der von Marsilius und den durch ihn eingeläuteten bedeutsamen Beziehungen zwischen Heidelberg und der Kurpfalz zu den Niederlanden sprach, wird hier bewusst der Begriff des Niederrheins bzw. der Niederrheinlande gewählt. Dies trägt dem Umstand Rechnung, dass die Niederlande, wie wir sie heute als Staat kennen, im Mittelalter noch nicht bestanden, und Ansätze zu einer Grenze auch sprachlicher Natur der einst eng miteinander verflochtenen Niederrheinlande erst mit dem Burgundischen Kreis Karls V. einsetzten. Im Mittelalter, auf das sich die vorliegende Untersuchung über das ausgehende 14. Jh. mit den hier behandelten Protagonisten Marsilius von Inghen und Hugo von Hervorst bezieht, existierten verschiedene territoriale Kräfte am Niederrhein, die noch nicht als Länder, wohl aber am ehesten als Niederrheinlande innerhalb der Grenzen des Alten Reichs zu bezeichnen sind. Einen Niederrhein als Landschaft gibt es aus geographischer Sicht übrigens ebenfalls nicht, allenfalls ein Niederrheinisches Tiefland und eine Niederrheinische (auch Kölner) Bucht, welche zusammen das nördliche

sind in der Folgezeit weiterhin so intensiv und wirkmächtig, dass sie in eigenen Abhandlungen nachzuverfolgen sind.

Geburtsort Ingen oder Nijmegen?

Betrachten wir zunächst den vermeintlichen Geburtsort des Marsilius in den heutigen Niederlanden in Nijmegen oder Ingen. Letzteres liegt nordwestlich von Nijmegen bzw. westlich von Arnheim. Der Streit in der Forschung, ob es sich bei *von Inghen* um den Herkunfts- oder den Familiennamen handelt[3], ist vor dem Hintergrund lokalhistorischer Überlegungen nachvollziehbar, aufgrund der räumlichen Nähe (von ca. 34 km) des Ortes Ingen zur Stadt Nijmegen sowie der erst allmäh-

Rheinland ausmachen. Damit entspricht das Gebiet nördlich von Bonn, wo der Rhein das Rheinische Schiefergebirge verlässt, dem traditionellen geographischen Begriffsverständnis vom „Niederrhein" zwischen Bonn im Süden und Millingen im Norden an der heutigen deutsch-niederländischen Grenze, wo sich der Rhein schließlich in seine Mündungsarme teilt, in den südlichen Waal als Hauptstrom und den nördlichen „Nederrijn", der weiter flussabwärts zum „Lek" wird; vgl. Hans-Heinrich BLOTEVOGEL, Gibt es eine Region Niederrhein?, in: Der Kulturraum Niederrhein im 19. und 20. Jahrhundert (Schriftenreihe der Niederrhein-Akademie 2), hg. von Dieter GEUENICH, Bottrop/Essen 1997, S. 155–185, hier S. 158–164.
Insofern liegen die hier im Mittelpunkt stehenden Orte genau in diesem Bereich der Niederrheinlande: Sie führen uns von Nijmegen am Waal über das noch niederrheinische Bonn bis zum Oberrhein, wie der Abschnitt des Rheins zwischen Bingen und Basel bezeichnet wird, bzw. zur Rhein-Neckar-Region mit seinem Zentralort Heidelberg in der Kurpfalz.

[3] Vgl. Henk A. G. BRAAKHUIS/Maarten J. F. M. HOENEN, Marsilius of Inghen: A Dutch Philosopher and Theologian, in: Marsilius of Inghen. Acts of the international Marsilius of Inghen Symposium, organized by the Nijmegen Centre for Medieval Studies (CMS), Nijmegen, 18–20 December 1986, ed. Henk A. G. BRAAKHUIS/Maarten J. F. M. HOENEN, Nijmegen 1992, pp. 1–11, hier pp. 2–5.

lichen und keineswegs eindeutigen Entwicklung der Herkunfts- zu Familiennamen im Mittelalter[4] möglicherweise aber eher zu vernachlässigen. Wichtig ist eine solche Unterscheidung aber insofern, als Nijmegen

[4] Herkunfts- und Familiennamen sind im Mittelalter nicht zu trennen. Die Voraussetzung für das Vorliegen eines Familiennamens ist die nachweisbare Vererbung über mehrere Generationen hinweg, was im Mittelalter selten nachzuweisen ist. Die Herkunftsnamen zählen daher zu den Beinamen, die im Rahmen der seit dem 12. Jh. auftretenden Zweinamigkeit entstanden. Es sind aber bei weitem nicht alle Beinamen, die Herkunftsnamen waren, später auch zu Familiennamen geworden. Ist anfangs der Anteil der Herkunftsnamen in Städten groß, schwindet ihr Anteil im Verlauf der Zeit, weil nur ein Teil davon sich wirklich als Familienname etablierte. Die Beinamen, die oft als Familiennamen angesehen werden, haben lange Zeit eine nur relative Festigkeit besessen und wechselten auch oft innerhalb einer Familie. Besonders Künstler und Gelehrte haben häufiger neue ‚Familiennamen' nach ihrem Herkunftsort gewählt (der ja auch wechseln konnte). Erst seit dem 17. Jh. kam es zu behördlichen Festlegungen, um den Wechsel des Familiennamens zu unterbinden. Mit Einführung der Standesämter 1874 ist schließlich der Namenwechsel abgeschafft und damit die Entwicklung hin zu Familiennamen im Wesentlichen abgeschlossen. Schlussendlich wurde mit Einführung des BGB am 1. Januar 1900 die Schreibung der Namen fest, so dass eine Änderung der Schreibung seitdem nur noch auf dem Rechtsweg möglich ist.
Ein Beispiel für die Herausbildung eines Herkunftsnamens zum Familiennamen sei hier genannt: Ludwig van Beethoven bedeutet nichts anderes als Ludwig van Betuwe in Belgisch-Limburg. Der Großvater Ludwigs wurde 1733 als Musiker an den Bonner Hof geholt und dürfte dort dann van Betuwe geheißen haben, so dass der Herkunftsname zur Geburt von Ludwig van Beethoven im Jahr 1770 relativ kurze Zeit existiert haben dürfte. Gleichwohl waren gerade im Westen und insbesondere in Bonn die Herkunftsnamen früh fest. Sie herrschten schon im 15. Jh. (als Beinamen) vor. Für die Zeit davor sind alle Aussagen über Herkunfts- als Familiennamen aber mit allergrößter Vorsicht zu betrachten. Seriös lassen sich daher über die Herkunftsnamen als Beinamen keine Rückschlüsse auf frühe Familiennamen ziehen. Vgl. Friedhelm DEBUS, Zur Entstehung der deutschen Familiennamen. Die hessische Kleinstadt Biedenkopf als Beispiel, in: Name und Geschichte. Henning Kaufmann zum 80. Geburtstag, hg. von Friedhelm DEBUS, München 1978, S. 31–54, hier S. 34–36; Konrad

sich an der nördlichen Grenze des Erzbistums Köln befindet, Ingen hingegen jenseits dieser Grenze im Bistum Utrecht. Da Marsilius in einer seiner ersten schriftlichen Erwähnungen als *Marcilius de Inghen, alias de Novimagio, Colon. Dioec.*, später aber auch als zugehörig zur Utrechter Diözese *(diocesis Trajectensis)* bezeichnet wird[5], ist eine gewisse Relevanz der Debatte also verständlich. Entsprechend darf man dabei nicht außer Acht lassen, dass Marsilius Pfründen beiderseits der Bistumsgrenze innehatte: Emmerich lag bspw. im Bistum Utrecht, während sich seine Bonner sowie seine Kölner Pfründen im Bistum Köln befanden (s.u. Kartenanhang, Nr. 2). Auch im Bistum Münster und im Bistum Lüttich hatte Marsilius kirchliche Benefizien inne, wobei aber nicht aus dem Blick geraten darf, dass alle genannten Bistümer Teile der Kölner Kirchprovinz waren, ebenfalls die Suffraganbistümer Lüttich und Utrecht[6].

Insofern ist es durchaus legitim, von ‚Niederrhinlanden' zu sprechen[7], denn die Trennung dieses Gebiets der Kirchenprovinz Köln in unterschiedliche nationale Zugehörigkeiten ist eine historisch sehr viel später anzusetzende Zäsur und spielte im 14. Jh. noch gar keine Rolle. So wird bspw. der Begriff der Niederlande im Folgenden nur noch auf die heutige Forschungsdiskussion bezogen, in der die neuzeitliche

---

KUNZE, dtv-Atlas Namenkunde. Vor- und Familiennamen im deutschen Sprachgebiet, 3. Aufl. München 2000, S. 59–65.

[5] Marsilius wird mit wechselndem oder kombiniertem Beinamen *de Inghen* oder *de Nouymagio* genannt; s.u. „Bild- und Schriftzeugnisse, Nr. 2f., 8" und vgl. BRAAKHUIS/HOENEN, Marsilius of Inghen, S. 3 mit Anm. 7 und 8.

[6] Vgl. die Karten zum Erzbistum Köln und zu den (Suffragan-)Bistümern Lüttich und Utrecht bei Erwin GATZ, Atlas zur Kirche in Geschichte und Gegenwart: Heiliges Römisches Reich – deutschsprachige Länder, hg. in Zusammenarbeit mit Rainald BECKER/Clemens BRODKORB/Helmut FLACHENECKER, Kartographie Karsten BREMER, Regensburg 2009, S. 60, 88/89, 97 und 138/139 sowie die Karte zur Kölner Kirchenprovinz im Mittelalter bei Toni DIEDERICH, Das Erzbistum Köln, Heft 1: Von den Anfängen in der Römerzeit bis zum Ende des hohen Mittelalters, Kehl am Rhein 1994, S. 14.

[7] S.o. Anm. 2.

Trennung der einst ohne Grenzen verbundenen Niederrheinlande wieder spürbar wird[8].

Tatsächlich ist Marsilius in den Niederlanden durch die Tatsache, dass er große Teile seines Lebens in Frankreich und im heutigen Deutschland verbracht hat, nahezu in Vergessenheit geraten[9]. In der heutigen niederländischen Forschung wird sein zeitgenössischer Ruhm jedoch gewürdigt: „A Phoebus [...] overshading the radiant stars of heaven, a vast sea to which the little streams cede"[10]. Dabei wird er trotz seines „undisputedly important place in the development of late medieval thought"[11] überwiegend als „the light and origin of the University of Heidelberg"[12] wahrgenommen, wobei unstrittig ist, dass seine Werke auch an anderen europäischen Universitäten, darunter Krakau, Erfurt und Wien[13] Verbreitung fanden und die nach ihm benannte *via Marsiliana* sogar richtungweisend bis in das 15. Jh. und

---

[8] Arend MIHM, Rheinmaasländische Sprachgeschichte von 1500 bis 1650, in: DERS., Sprachwandel im Spiegel der Schriftlichkeit. Studien zum Zeugniswert der historischen Schreibsprachen des 11. bis 17. Jahrhunderts, hg. von Michael ELMENTALER/Jürgen BIEHL/Beate HENN-MEMMESHEIMER/Jürgen-Matthias SPRINGER, Frankfurt am Main 2007, S. 385–412 mit einer Karte zum Rheinmaasland nach seiner politischen Teilung in den burgundischen und den westfälischen Kreis durch Karl V. auf S. 388 sowie grundlegend Arend MIHM, Sprache und Geschichte am unteren Niederrhein, in: Niederdeutsches Jahrbuch 115 (1992), S. 88–122.

[9] In den 80er Jahren kam es an der Universität Nijmegen anlässlich einer Campuserweiterung zu einer Straßennamendebatte, da hinzugefügte Straßen mit den Namen großer niederländischer Gelehrter versehen werden sollten. Dabei wurde insb. aufgrund des Geburtsortes auch der Name des Marsilius von Inghen vorgeschlagen, welcher aber offenbar dem Vorsitzenden der Kommission unbekannt war, so dass man sich stattdessen für Thomas von Aquin entschied; BRAAKHUIS/HOENEN, Marsilius of Inghen, S. 2.

[10] *Quam superat phoebus radiantia sidera coeli / ut cedunt magno flumina parva mari / tantum Marsilius sophiae praecellit honore / Heidelbergensis lux et origo scolae* (BRAAKHUIS/HOENEN, Marsilius of Inghen, S. 1, mit Anm.1).

[11] Ebd., S. 2.

[12] Ebd., S. 1.

[13] Vgl. den Beitrag von H. BERGER in diesem Band.

darüber hinaus wurde[14]. Dennoch sind selbst in den Niederlanden bspw. Erasmus von Rotterdam und Gerhard Groote weit mehr im kollektiven Gedächtnis des Landes verankert als Marsilius von Inghen. In der Tat hat Marsilius einen verhältnismäßig kleinen Teil seines Lebens dort verbracht, im Wesentlichen nur die unbelegbare Zeit zwischen seiner nicht datierbaren Geburt (vor/um 1340) bis zu seinem Artistenstudium in Paris, welches er 1362 abschloss, wodurch er erstmals in das Licht der datierbaren Überlieferung tritt[15]. Er nahm 1366 in Paris auch das Studium der Theologie auf, welches er in seiner Heidelberger Zeit kurz vor seinem Tod noch mit der Promotion zum Doktor der Theologie krönte[16].

---

[14] Vgl. das Verzeichnis früher Drucke bei Manfred SCHULZE, Art. „Marsilius von Inghen", in: Biographisch-Bibliographisches Kirchenlexikon, begr. und hg. von Friedrich Wilhem BAUTZ, fortgeführt von Traugott BAUTZ, Band 16, Ergänzungen III, Herzberg 1999, Sp. 988–1001, hier Sp. 998.

[15] Liber Procuratorum Nationis Anglicanae 1347–1365, fol. 46r, Digitalisat: Université de Paris (1215–1794). Faculté des arts. Nation d'Allemagne et al., Conclusions de la Nation d'Angleterre 1347–1365 (URL: https://nubis.univ-paris1.fr/iiif-img/154894/full/2600,/0/default.jpg, abgerufen am 12.10.2021, s.u. „Bild- und Schriftquellen", Nr. 2); Druck: Auctarium chartularii Universitatis Parisiensis, Tomus I: Liber Procuratorum Nationis Anglicanae (Alemanniae) in Universitate Parisiensi, hg. von Henricus DENIFLE/Aemilius CHATELAIN, Paris 1894, Sp. 273; vgl. Hanna WOJTCZAK, Marsyliusza z Inghen. „Quaestiones super librum Praedicamentorum Aristotelis". Edycja krytyczna i analiza historyczno-folozoficzna, Lublin 2008, S. LXV; Maarten J. F. M. HOENEN, Marsilius of Inghen. Divine Knowledge in Late Medieval Thought (Studies in the History of Christian Thought 50), Leiden/New York/Köln 1993, S. 7f.

[16] Vgl. zuletzt Jürgen MIETHKE, Marsilius von Inghen in Heidelberg, in: Reinhard DÜCHTING/Jürgen MIETHKE/Anneliese SEELIGER-ZEISS/Dorothea WALZ, Marsilius gedenken. Reden zur Feier anlässlich der Neuausgabe der Gedenkschrift 1499 zum einhundertsten Todestag des Marsilius von Inghen. In der Peterskirche, 16. September 2008, Heidelberg 2008, S. 7–16, hier S. 9 und 16.

Marsilius von Inghen und die Gründung der Heidelberger Universität 11

Beziehungen von Marsilius zum Niederrhein während seiner Zeit an der Universität Paris

Der Kreis der ihn in Paris umgebenden Studierenden zeigt anhand von deren Herkunftsnamen, dass der Schwerpunkt von Marsilius' Kontakten in den Niederrheinlanden lag. Namen, die in seiner Umgebung innerhalb der englischen Nation[17] an der Universität Paris immer wieder auftauchen, sind z.B. Jordan Wange von Kleve, Gerhard von Kalkar, Thomas von Kleve und Hugo von Hervorst[18] (weitere Herkunftsnamen u.a. aus folgenden Orten: *Nijmegen, Groesbeke, Venlo, Tiel, Bronchorst, Zülen, Luttic, Kempen* etc.[19]). Die Dichte an später bekannten Gelehrten, die vom Niederrhein stammen, ist hierbei unverkennbar[20].

Ob Marsilius auch mit jenem *Mercelis von Inghen* zu identifizieren ist, der im Januar 1377 am Landfrieden des Herzogtums Geldern beteiligt war[21], lässt sich nicht erweisen, aber auch nicht widerlegen[22].

---

[17] In Paris existierten vier Nationen, die sich „auf der Grundlage einer ungefähren geographischen Einteilung" gebildet hatten, „nämlich die französische, pikardische, normannische und englische, zu der auch die Studenten von Zentral- und Nordeuropa gehörten. Sie umfassten auch die Magister der Artistenfakultät sowie deren Absolventen, die an den höheren Fakultäten lehrten" (Aleksander GIEYSZTOR, Organisation und Ausstattung, in: Geschichte der Universität in Europa, Band 1: Mittelalter, hg. von Walter RÜEGG, München 1993, S. 109–138, hier S. 114).

[18] Auf Hugo von Hervorst wird im Folgenden und im Beitrag von H. BERGER in diesem Band noch ausführlicher eingegangen.

[19] WOJTCZAK, Marsyliusza z Inghen, S. LXV–LXIX.

[20] Zur Bedeutung Gerhards von Kalkar und Thomas' von Kleve an der Universität Wien; vgl. Harald BERGER, Which Hugo? This One! Hugo de Hervorst, in: Vivarium 58 (2020), S. 89–110, hier S. 102 und H. BERGER in diesem Band, passim.

[21] BRAAKHUIS/HOENEN, Marsilius of Inghen, S. 5.

[22] Zu dem Landfrieden vgl. Matthias BÖCK, Herzöge und Konflikt. Das spätmittelalterliche Herzogtum Geldern im Spannungsfeld von Dynastie, ständischen Kräften und territorialer Konkurrenz (1339–1543) (Veröffentlichungen des Historischen Vereins für Geldern und Umgegend 110), Geldern 2013, S. 226.

Da jedoch in jenen Jahren immer wieder Güter u.a. in Ingen im Mittelpunkt der politischen Verhandlungen standen[23], ist es durchaus möglich, dass die Familie von Inghen aus diesem Ort kam und sich auch politisch einbrachte – von Nijmegen ist in diesem Zusammenhang jedenfalls nicht die Rede.

Dies sind aber die einzigen derzeit bekannten Verbindungen zu seinem Geburtsort am nördlichen Niederrhein in den 70er Jahren. Dass Marsilius die Beziehungen zu seiner Heimatregion nicht abreißen ließ, belegt jedoch sein in den Stadtrechnungen verzeichneter Besuch in Nijmegen im Jahr 1382[24], auf den unten noch zurückzukommen ist[25]. Im Laufe seines weiteren Lebens vollzog er allerdings eine fortschreitende Südwärtsverlagerung seines Wirkungskreises, die ihn über Bonn nach Heidelberg führte, wo er am 20. August 1396 nach zehnjähriger Tätigkeit auch verstarb[26].

Bis zum Ausbruch des Großen Abendländischen Schismas, dessen Entstehen er sozusagen als Augenzeuge in Rom miterlebte und welches er noch am 27. Juli 1378 aus Tivoli mit sorgenvollen Worten

---

[23] Vgl. ebd., S. 204, 232 und 237.
[24] Regionaal Archief Nijmegen. 1 Stadsbestuur Nijmegen 1196–1810, Nr. 685, fol. 15; Druck: Rekeningen der Stad Nijmegen 1382–1543, hg. von H. D. J. van SCHEVICHAVEN/J. C. J. KLEIJNJENS, Deel 1: 1382–1427, Nijmegen 1910, S. 1–37, Erwähnung von *magistro Marcelio de Ingen* auf S. 28 (Abb. s.u. „Bild- und Schriftzeugnisse", Nr. 7); vgl. HOENEN, Marsilius of Inghen, S. 9.
[25] S.u., S. 21f. mit Anm. 61.
[26] Die Mitteilung über den Todestag 20. August 1391 findet sich im ältesten Amtsbuch der Juristischen Fakultät, in das Einträge aus dem verlorenen ersten Rektorbuch übernommen worden sind: Universitätsarchiv Heidelberg, RA 653, fol. 61v (Abb. s.u. „Bild- und Schriftzeugnisse", Nr. 23); Druck: Acta Universitatis Heidelbergensis (AUH) – Die Rektorbücher der Universität Heidelberg, Band 1: 1386–1410, hg. von Jürgen MIETHKE, bearb. von Heiner LUTZMANN/Hermann WEISERT (Libri actorum Universitatis Heidelbergensis, Series A, Reihe A I.1–3), Heidelberg 1986–1999, Nr. 217.

kommentierte[27], war er als Rektor und in weiteren wichtigen Positionen an der Universität Paris tätig, zuletzt als Gesandter an der päpstlichen Kurie. Bisher war man der Ansicht, dass er danach den Blicken des Historikers gänzlich entschwunden[28] und neben seinem erwähnten Besuch in Nijmegen 1382 erst am 28. Juni 1386 in Diensten des Pfalzgrafen Ruprecht I. wieder sichtbar geworden sei[29].

Um den Verbleib des Marsilius von Inghen in der bisher weitgehend im Dunkeln liegenden Zeit zwischen 1379 und 1386 soll es in den folgenden Ausführungen gehen. Da uns nur sehr wenige Quellenbelege vorliegen, gilt es die betreffenden Jahre auch anhand seines personellen und räumlichen Umfeldes näher auszuleuchten, um so Hintergründe aufzuspüren, die erstens seine Aufenthaltsorte wahrscheinlicher machen können und zweitens seine Motivation oder den Anlass erhellen, am Ende dieses Zeitraums nach Heidelberg zu gehen, wo er den Rest seines Lebens blieb (s.u. Kartenanhang, Nr. 1).

Pfründenbesitz in der Kölner Kirchenprovinz

Zunächst ist es eindeutig und unbestreitbar, dass Marsilius nicht wenige Pfründen innehatte und dass sie sich wie gesagt alle innerhalb der Kölner Kirchenprovinz und damit in näherem oder weiterem Umfeld seines niederrheinischen Geburtsortes befanden – jedenfalls ist keine

[27] Marsilius schreibt u.a.: *Insuper quod ecclesia Dei, videre meo, non in centum annis in tanto fuit scismatis periculo*; auch von *pericula gravissima* ist im weiteren Verlauf des Schreibens die Rede; Bibl. nat. Paris, ms. lat. 14644, fol. 177v (Abb. s.u. „Bild- und Schriftzeugnisse" Nr. 4); Druck: Chartularium Universitatis Parisiensis, Tomus III (1350–1394), hg. von Henricus DENIFLE/Aemilius CHATELAIN, Paris 1894, Nr. 1608.
[28] Vgl. WOJTCZAK, Marsyliusza z Inghen, S. LXXI.
[29] Jürgen MIETHKE, Marsilius als Rektor der Universität Heidelberg, in: Marsilius of Inghen. Acts of the international Marsilius of Inghen Symposium, organized by the Nijmegen Centre for Medieval Studies (CMS), Nijmegen, 18–20 December 1986, ed. Henk A. G. BRAAKHUIS/Maarten J. F. M. HOENEN, Nijmegen 1992, pp. 13–37, hier p. 13 mit Bezug auf das Urkundenbuch der Universität Heidelberg, Band 1: Urkunden, hg. von Eduard WINKELMANN, Heidelberg 1886, Nr. 3, S. 4–5.

außerhalb der Kölner Kirchenprovinz darunter. Allen voran ist hier sein Kanonikat an St. Martin zu Emmerich (das bis 1380 für ihn nachweisbar ist[30]) zu nennen, das sich nur wenige Kilometer von Nijmegen entfernt im Bistum Utrecht befindet. Zum Ende seines Studiums an der Artistenfakultät zu Paris erhielt er das im Rotulus erbetene Kanonikat in St. Severin zu Köln (1362–1380)[31], im selben Zeitraum offenbar auch eine Pfründe in St. Georg zu Köln. Später, ab 1386 nachweisbar, hatte er Kanonikat und die Thesaurarie an St. Andreas zu Köln inne[32]. Im Frühsommer 1369 erhielt er von Papst Urban V., bei dem er sich in jenen Jahren mehrmals aufhielt, die Expektanz auf eine Pfründe in Münster sowie ein Kanonikat im St. Cassius-Stift in Bonn (das er bis zu seinem Tod behielt)[33]. Hinzu kamen Benefizien in Münstereifel[34], eine Altarstelle in der Kirche Maria ad ortum in Köln sowie die Scholasterie am Stift St. Dionysius zu Lüttich (belegt vor

---

[30] Gerhard RITTER, Studien zur Spätscholastik I. Marsilius von Inghen und die okkamistische Schule in Deutschland (Sitzungsberichte der Heidelberger Akademie der Wissenschaften, Philosophisch-Historische Klasse 1921,4), Heidelberg 1921 [Nachdr. Frankfurt/Main 1985], S. 8, Anm. 1; Dagmar DRÜLL, Heidelberger Gelehrtenlexikon 1386–1651, Berlin/Heidelberg 2002, S. 373.

[31] RITTER, Studien zur Spätscholastik I, S. 8, Anm. 1; DRÜLL, Heidelberger Gelehrtenlexikon, S. 373.

[32] RITTER, Studien zur Spätscholastik I, S. 8, Anm. 1; DRÜLL, Heidelberger Gelehrtenlexikon, S. 373.

[33] Lettres d'Urbain V (1362–1370), Tome II (1366–1370), Textes et Analysis, ed. Camille TIHON (Analecta Vaticano-Belgica, Série 1,15), Bruxelles/Paris 1932, Nr. 2400, S. 245; Wilhelm KOHL (Bearb.), Bistum Münster, Band 4: Das Domstift St. Paulus zu Münster, Band 3 (Germania sacra, N.F. 17,3: Die Bistümer der Kirchenprovinz Köln), Berlin/New York 1989, S. 518, Nachtrag zu Band 2, S. 575; vgl. WOJTCZAK, Marsyliusza z Inghen, S. LXVII; Dietrich HÖROLDT, Das Stift St. Cassius in Bonn von den Anfängen der Kirche bis zum Jahre 1580 (Bonner Geschichtsblätter 11), Bonn 1957, S. 243.

[34] Karl Henrich THEISEN, Die Benediktiner-Abtei Prüm und die von ihr ausgehenden Kollegiatstifte Münstereifel, Prüm und St. Goar 720–1802. Personaldaten, Rottach-Egern 2014, S. 72; vgl. BERGER, Which Hugo?, S. 104, Anm. 74, SCHULZE, Art. „Marsilius von Inghen", Sp. 989.

August 1396[35]), welche er ebenfalls bis zu seinem Tod innehatte (s.u. Kartenanhang, Nr. 2). Die einzige päpstliche Indulgenz, die über den Bereich der Kölner Kirchenprovinz hinausweist, ist diejenige zur Lehre in der Artistenfakultät zu Montpellier vom Sommer 1369[36]. Daher wurde auch angenommen, dass sich Marsilius in der scheinbar beleglosen Zeit von 1379–1386 dort aufgehalten hätte[37], was als wenig wahrscheinlich erachtet werden kann, wie noch zu zeigen sein wird. All diese Zuwendungen verdankte Marsilius seiner Treue gegenüber den Päpsten, erst Urban V., dann Gregor XI. und schließlich Urban VI. Bei seinem Aufenthalt an der päpstlichen Kurie von Juli 1377 bis Juli 1378[38] wurde er wie oben dargestellt Zeuge der verhängnisvollen Papstwahl Urbans VI. am 8. April 1378, die letztendlich zum Auslöser des großen Abendländischen Schismas wurde.

Marsilius von Inghen und Hugo von Hervorst

Von jenem Zeitpunkt an ist er an der Pariser Universität nicht mehr zu belegen. Vielmehr hat er am 21. Februar 1379 zur Erledigung seiner Pariser Angelegenheiten einen Freund namens Hugo von Hervorst beauftragt[39], einen Landsmann, der ebenfalls vom Niederrhein

---

[35] RITTER, Studien zur Spätscholastik I, S. 8, Anm. 1; DRÜLL, Heidelberger Gelehrtenlexikon, S. 373.
[36] Lettres d'Urbain V (1362–1370), Tome II (1366–1370), Nr. 2404f., S. 248; vgl. KOHL, Bistum Münster 4/3, S. 518. Dabei ist es interessant, dass Heidelberg gerade mit Montpellier 1961 seine erste Städtepartnerschaft abschloss (s.u., S. 73 mit Anm. 278).
[37] Sein Aufenthalt wurde auch in Padua vermutet, was jedoch sicherlich seiner Namensgleichheit mit Marsilius von Padua (um 1290–1342/43) zuzuschreiben ist.
[38] WOJTCZAK, Marsyliusza z Inghen, S. LXXI.
[39] Liber Procuratorum Nationis Anglicanae 1376–1383, fol. 20v, Digitalisat: Université de Paris (1215–1794). Faculté des arts. Nation d'Allemagne et al., Conclusions de la Nation d'Angleterre 1376–1383 (URL: https:// nubis.univ-paris1.fr/iiif-img/162361/full/2360,/0/default.jpg, abgerufen am 12.10.2021, s.u. „Bild- und Schriftzeugnisse" Nr. 5); Druck: Auctarium chartularii Universitatis Parisiensis I, Sp. 570.

stammte[40] und der noch von größerer Wichtigkeit ist, wenn es darum geht, die Beziehungsgeflechte des Marsilius in der betreffenden Zeit

[40] Das Problem bei der Lokalisierung von Hervorst liegt darin, dass es zwei Orte dieses Namens gibt, einen bei Dorsten und einen bei Goch, nahe Rees. Nach jetzigem Stand der Forschung (BERGER, Which Hugo?, S. 105) liegen die Ursprünge der Familie Hervorst in dem Ort Hervest bei Dorsten, wo ein Hugo von Hervorst um 1338 belegt ist. Jener Hugo von Hervorst hatte 5 Söhne und 7 Töchter und musste seine Güter veräußern (vgl. Gerhard STROTKÖTTER, Die ehemaligen Dorstener Bauerngüter, in: Zeitschrift der Vereine für Orts- und Heimatskunde im Veste und Kreise Recklinghausen 6 (1896), 57–98, hier S.75). Es wird angenommen, dass dies der Großvater von Hugo von Hervorst gewesen sein könnte. Das Stift Xanten hatte im Mittelalter in Dorsten eine abhängige Pfarrkirche mit Zehntrechten, einen Stiftshof sowie eine beachtliche Anzahl (28) an Gütern; vgl. Franz WEIBELS, Die Großgrundherrschaft Xanten im Mittelalter. Studien und Quellen zur Verwaltung eines mittelalterlichen Stifts am unteren Niederrhein (Niederrheinische Landeskunde 3), Neustadt/Aisch 1959, Karte. Um 1350 wird „unser" Hugo in Rees geboren, und ein weiterer Hugo von Hervorst starb nicht nach 1372 wahrscheinlich in Rees und wird als Vater von jenem angesehen (BERGER, Which Hugo?, S. 105). Rees liegt weiter westlich Richtung Xanten und Goch, und auch hier besaß das Stift Xanten Güter (WEIBELS, Die Großgrundherrschaft Xanten, Karte). In Goch existiert zudem eine Ortsbezeichnung Hervorst, die heute noch als Hervorster Straße erhalten ist. Auf dieses Hervorst beziehen sich alle Ortsangaben, die in den zahlreichen Xantener Quellen überliefert sind (zumindest werden sie alle diesem Hervorst bei Goch nordwestlich von Xanten zugeschrieben). Das Problem ist also, dass es zwei Orte gleichen bzw. sehr ähnlichen Namens gibt bzw. gab, die beide im Einzugsbereich desselben Stiftes liegen, wovon aber einer deutlich näher an Rees liegt, was ebenfalls als Herkunftsbezeichnung unseres Hugos verwendet wird. Als späterer Propst von Xanten lebte Hugo bezeichnenderweise in der nach ihm benannten Hervorst'schen Propstei, und es werden noch bis ins 15. Jh. dem Stift Xanten wachszinsige Personen mit diesem Namen dem Hervorst bei Goch zugeordnet: Die Wachszinspflichtigen des St. Viktor-Stiftes zu Xanten, bearb. von Friedrich Wilhelm OEDIGER/Klaus VAN EICKELS (Die Stiftskirche des hl. Viktor zu Xanten VIII.1), Kevelaer 1991, S. 62 und 160. Hinzu kommt, dass der einst aus Paris nach Xanten gekommene und offenbar aus Rees/Hervorst stammende Hugo noch posthum

Marsilius von Inghen und die Gründung der Heidelberger Universität 17

zu erhellen. Beide, Hugo von Hervorst und Marsilius von Inghen hatten in den 1370er Jahren in Paris intensive wissenschaftliche Berührungspunkte. Schon 1376, als Hugo Prokurator der englischen Nation war[41], handelten sie gemeinsam, z.b. als es im März jenen Jahres darum ging, beim Rektor und der Versammlung der Artes-Fakultät die Anerkennung jener Titel zu klären, die nicht auf der Pariser Universität erworben wurden[42]. Auch die berühmten, von Hugo verfassten

mit der Verwaltung des Offiziums Weeze in Verbindung gebracht wird: Die Bursenrechnungen des St. Viktor-Stiftes zu Xanten 1401/02 bis 1455/56, bearb. von Dieter LÜCK (Die Stiftskirche des hl. Viktor zu Xanten IX), Kevelaer 1993, Sp. 1, 67 und 85. Hier könnte ein Schlüssel zu dem Problem liegen, denn das Offizium Weeze hatte 2 Güter in Dorsten, aber insgesamt 47 in der direkten Umgebung von Goch. Es ist also durchaus denkbar, dass die Familie von Hervorst von einem Gut des Xantener Offiziums in ein anderes wechselte, wo Angehörige der (namengebenden?) Familie noch bis ins 15. Jh. als Wachszinsige lebten; vgl. zum Offizium Weeze des Xantener Viktorstiftes Heike HAWICKS/Ingo RUNDE, Das Offizium Weeze des Xantener Viktorstiftes, in: Weeze und der Raum an Niers und Kendel im Mittelalter (Weezer Archiv 3), hg. von der Gemeindeverwaltung Weeze, Weeze 2008, S. 101–111 und WEIBELS, Die Großgrundherrschaft Xanten, S. 91 f. mit der Beziehung des Propstes zu dem Offizium.
Dass die Familie von Hervorst einflussreich war, zeigt sich daran, dass Propst Hugo von Hervorst die Xantener Propstei mit ausdrücklicher Genehmigung des Kölner Erzbischofs in repräsentativer Weise herrichtete und sie daher nach ihm benannt wurde; vgl. die diesbezügliche umfangreiche Urkunde im Inventar der Urkunden des Stiftsarchivs Xanten (1119–1449), bearb. von Carl WILKES (Inventare nichtstaatlicher Archive 2), Köln 1952, Nr. 939 vom 27. August 1398, ausgestellt in Bonn-Bad Godesberg sowie zur Propstei, die „als Bauwerk weitaus vor den anderen Kurien hervorstach" Carl WILKES, Studien zur Topographie der Xantener Immunität, in: Annalen des Historischen Vereins für den Niederrhein 151/152, 1952, S. 7–153, hier S. 140 und Immunitäts-Plan auf S. 153.

[41] Auctarium chartularii Universitatis Parisiensis I, Sp. 481.
[42] Vgl. WOJTCZAK, Marsyliusza z Inghen, S. LXX. Auch später in Heidelberg beschäftigte Marsilius dieses Thema der Anerkennung auswärtiger Abschlüsse, allerdings mit Blick auf Paris in abschlägiger Weise. Er setzte sich sehr dafür ein, dass Abschlüsse der dem Gegenpapst ergebenen Universität Paris in Heidelberg nicht anerkannt wurden und verlieh diesem

Kommentare über die Werke des Marsilius aus der Pariser Zeit (entstanden zwischen 1372 und 1379[43]) erweisen die Nähe beider; überdies kann Hugos Eintreten für Marsilius im Frühjahr 1379 durchaus als Vertrauensbeweis und Freundschaftsdienst betrachtet werden[44]. Noch im selben Monat reiste Hugo ebenfalls aus Paris in Richtung Niederrhein ab, um Erbangelegenheiten zu regeln – seine diesbezügliche Ankündigung stammt vom 24. Februar 1379[45]. Von diesem Zeitpunkt an ist auch er in Paris nicht mehr nachweisbar. Die Familie des Hugo von Hervorst lebte in Rees am Niederrhein, nur wenige Kilometer von Nijmegen und Emmerich entfernt, und es könnte sich bei der genannten Erbangelegenheit um den Tod seiner Mutter gehandelt haben[46]. Wenn er also tatsächlich *ad partes* gereist ist, könnte er dort theoretisch Marsilius getroffen haben, der ihn zuvor mit seiner Interessenvertretung beauftragt hatte. Außerdem arbeiteten beide just bis zu dieser Zeit wissenschaftlich eng zusammen, so dass die Wahrscheinlichkeit dafür nicht gering ist. Es ist später noch auf die weiteren Lebensstationen des Hugo von Hervorst zurückzukommen. Vorerst entschwindet er, wie scheinbar auch Marsilius, in den Anfängen des Schismas ab 1379 aus den uns bisher bekannten Quellen und taucht 1386 wieder am Niederrhein auf, wo er nur drei Jahre später als Sonderbeauftragter des Kardinalbischofs Philipp von Alençon tituliert wird[47]. Er ist also wie Marsilius der römischen Oboedienz treu geblieben und stand offenbar der päpstlichen Kurie nahe bzw. in ihren Diensten. Doch dazu später mehr.

Ansinnen – bspw. mit einer entsprechenden Supplik an den päpstlichen Legaten und Kardinalbischof von Ostia, Philipp von Alençon – Nachdruck: UB Winkelmann 2, Nr. 34, 35 und 39 bzw. AUH 1, Nr. 102.

[43] Vgl. BERGER, Which Hugo?, S. 106.
[44] Vgl. dazu ebd., passim und S. 106: „Conclusion".
[45] Auctarium chartularii Universitatis Parisiensis I, Sp. 569–571; BERGER, Which Hugo?, S. 103f.
[46] Harald BERGER, Neue Funde zu Hugo von Hervorst und den Wiener Hugo-Kommentaren, in: Codices Manuscripti & Impressi 121/122 (2020), S. 1.
[47] [Die] Regesten der Erzbischöfe von Köln im Mittelalter (REK), Bd. 9, bearb. von Norbert ANDERNACH, Düsseldorf 1983, Nr. 1854 (26. November 1389); vgl. BERGER, Which Hugo?, S. 104.

Marsilius von Inghen und die Gründung der Heidelberger Universität 19

Marsilius im Bonner St. Cassius-Stift

Kehren wir zu Marsilius zurück. Es gibt gewichtige Gründe, die dafür sprechen, dass er sich gleich nach seinem Weggang aus Paris bzw. nach seiner Rückkehr von seinem Kurienaufenthalt in Rom 1378 nach Bonn begeben hat, wo er eine Pfründe im Cassius-Stift innehatte. Hier, mitten im Rheinland und im Erzbistum Köln, vor der „Haustüre" der erzbischöflichen Residenz bei Bonn[48], konzentrierte sich zu dieser Zeit die schismatische Kirchenpolitik wie in einem Brennglas. Denn niemand anderes als der Gegenpapst des Jahres 1378, Robert von Genf (als Papst Clemens VII.), war seit 1371 bis zu seiner Erhebung zum Papst Propst des Bonner Cassius-Stiftes[49]. Noch im selben Jahr wurde er von Urban VI. als Bonner Propst abgesetzt, woraufhin er umgehend versuchte, seinen Weggefährten und späteren Nachfolger im Amt des (Gegen)Papstes, den aragonesischen Kardinal Pedro de Luna, zu seinem Nachfolger in Bonn zu ernennen[50]. Ihm wurde 1379 von römischer Seite Nikolaus von Riesenburg als Propst entgegengesetzt, so dass zu Beginn der 80er Jahre zwei Pröpste unterschiedlicher Oboedienz die Propstei des Bonner Cassius-Stiftes für sich beanspruchten. Und hier findet sich auch die nächste Spur des überzeugten Urbanisten Marsilius von Inghen: Am 10. Februar 1380 wurde er von Clemens VII. seines Kanonikats mit Pfründe und Chorstuhl an St. Severin in Köln entsetzt, ebenso seines Kanonikats mit Pfründe an St. Cassius in

---

[48] Vgl. Klaus MILITZER, Art. „Bonn C.2", in: Handbuch Höfe und Residenzen im spätmittelalterlichen Reich. Ein dynastisch-topographisches Handbuch, Band 15.I, Ostfildern 2003, S. 62–64; Klaus MILITZER, Art. „Poppelsdorf C.2", in: ebd., S. 458f. (URL: https://adw-goe.de/digitale-bibliothek/hoefe-und-residenzen-im-spaetmittelalterlichen-reich/id/rfl5_I_121_220-1883/ und https://adw-goe.de/digitale-bibliothek/hoefe-und-residenzen-im-spaetmittelalterlichen-reich/id/rfl5_I_121220-3550/, abgerufen am 17.11.2021).

[49] HÖROLDT, Das Stift St. Cassius, S. 208.

[50] Ebd., S. 209 und 172.

Bonn[51]. Auf der Folio-Seite des Dokuments steht Marsilius als ‚notorischer' Anhänger von Urban VI. (*in sedem apostolicam intruso notorie adheret*) an erster Stelle vor weiteren abgesetzten Kanonikern[52]. Der inzwischen in Avignon weilende Gegenpapst hatte nicht zuletzt wegen seiner Bekanntheit vor Ort Anhänger im Rheinland. Dazu zählten freilich aus politischem Kalkül Graf Adolf von Kleve und Engelbert III. von der Mark[53]. Der ebenfalls aus dem märkischen Haus stammende Graf Adolf stellte sich 1380/81 mit aller Macht gegen den urbanistisch gesinnten Kölner Erzbischof Friedrich von Saarwerden und lag mit ihm zu diesem Zeitpunkt sogar in Fehde[54]. Insofern war es von ihm ein taktisch kluger Schachzug, sich in das Lager des Gegenpapstes zu begeben[55]. Aus diesem Zusammenhang heraus erklärt es sich auch, dass Marsilius zwei Jahre später, am 10. April 1382, auf

[51] Archivo Apostolico Vaticano, Reg. Suppl. 60, fol. 31r; vgl. dazu Urkunden und Regesten zur Geschichte der Rheinlande aus dem vatikanischen Archiv, Band 6: 1378–1399, bearb. von Heinrich Volbert SAUERLAND (Publikationen der Gesellschaft für Rheinische Geschichtskunde 23), Bonn 1912, Nr. 1363; Verzeichnis der in den Registern und Kameralakten Clemens' VII. von Avignon vorkommenden Personen, Kirchen und Orte des Deutschen Reiches, seiner Diözesen und Territorien 1378–1394, bearb. von Emil GÖLLER (Repertorium Germanicum 1), Berlin 1916, S. 108 (noch mit der Signatur Suppl.t. 54, f. 31) sowie RITTER, Studien zur Spätscholastik I, S. 8, Anm.1.

[52] Abb. s.u. „Bild- und Schriftquellen", Nr. 6.

[53] HÖROLDT, Das Stift St. Cassius, S. 172, Anm. 25; Emil GÖLLER, Clemens VII. von Avignon und das große Schisma in Deutschland, in: Verzeichnis der in den Registern und Kameralakten Clemens' VII. von Avignon vorkommenden Personen, Kirchen und Orte des Deutschen Reiches, seiner Diözesen und Territorien 1378–1394, bearb. von DEMS. (Repertorium Germanicum 1), Berlin 1916 [Nachdr. 1991], S. 99*–170*, hier S. 111*.

[54] Heike HAWICKS, „Wie die drei Jünglinge im Feuerofen" – Xanten und die kölnisch-klevischen Fehden des 14. und 15. Jahrhunderts vor dem Hintergrund des großen abendländischen Schismas, in: Rheinische Vierteljahrsblätter 76 (2012), S. 91–122, hier S. 95–99.

[55] Vgl. Heike HAWICKS, Xanten im späten Mittelalter. Stift und Stadt im Spannungsfeld zwischen Köln und Kleve (Rheinisches Archiv 150), Köln/Weimar/Wien 2007, S. 393ff., hier insbes. S. 397.

Ersuchen des Grafen Adolf von Kleve (wie der Märker nach der märkischen Machtergreifung in Kleve 1368 genannt wurde) ebenfalls sein Kanonikat in Emmerich von Clemens VII. entzogen wurde[56]. Wiederum liefert hier der kölnisch-klevische Gegensatz den dazugehörigen Hintergrund: In dem weiter schwelenden Konflikt hatte der Klever Graf am 10. April 1382 von Clemens VII. die Exemtion seiner Gebiete von der geistlichen Jurisdiktion des Erzbischofs von Köln erwirkt[57]. Dies hatte zur Folge, dass ein kurz zuvor am 10. März desselben Jahres von Adolf an den Gegenpapst geschickter Rotulus mit Bittgesuchen erfolgreich war und in der Folge darin namentlich genannte Urbanisten ihre Pfründe verloren und durch Clementisten ersetzt wurden[58]. In diesem Rotulus geht es vor allem um die Xantener Propstei, aber auch weitere Kanoniker aus Xanten, Deventer, Rees und Bonn. Unter den Urban (hier mit seinem ursprünglichen Namen Bartholomäus) anhängenden und daher zu ersetzenden Kanonikaten findet sich auch das des Marsilius von Inghen in Emmerich, welches ihm somit nach demjenigen in St. Severin ebenfalls verloren ging[59].

In direktem zeitlichen Anschluss, im April/Mai desselben Jahres, wird Marsilius auch wieder persönlich fassbar, und zwar im nur 25 km von Emmerich entfernten Nijmegen, wo ihn die Stadt mit einem „reichhaltigen Bankett verwöhnte"[60], wobei die Kosten für den dabei verzehrten Wein unter dem Posten der *Propinationes* in den dortigen

---

[56] Vgl. GÖLLER, Clemens VII., S. 111* mit Anm. 6 und S. 112*; RITTER, Studien zur Spätscholastik I, S. 8, Anm. 1. Vgl. zur märkischen Machtergreifung in Kleve HAWICKS, Xanten im späten Mittelalter, S. 354–356.
[57] HAWICKS, „Wie die drei Jünglinge im Feuerofen", S. 98. Vgl. zur Exemtion der Klevischen Lande von der geistlichen Jurisdiktion des Erzbischofs von Köln auch HAWICKS, Xanten im späten Mittelalter, S. 398f.
[58] Archivo Apostolico Vaticano, Reg. Suppl. 64, fol. 105v (Signatur S 61 fol. 105v bei GÖLLER, Clemens VII., S. 111* mit Anm. 6 – dort auch der Hinweis: „Sauerland hat diesen R. übersehen").
[59] Verzeichnis der in den Registern und Kameralakten Clemens' VII. von Avignon vorkommenden Personen, S. 108.
[60] Biografisch Woordenboek Gelderland (URL: http://www.biografisch woordenboekgelderland.nl/bio/2_Marsilius_van_Inghen, abgerufen am 12.10.2021); vgl. auch HOENEN, Marsilius of Inghen, S. 9.

Stadtrechnungen vermerkt sind[61]. Marsilius ist an dritter Stelle unter dem zum Montag nach der Osteroktav eingetragenen Grafen von Tecklenburg zu finden – direkt vor ihm z.B. die *familie comitis de Marka* und Johann von Brabant, *famulo regis Francie*. Die nächste Zeitangabe unterhalb dieser Einträge ist Pfingsten. Möglicherweise handelte es sich sogar um ein Zusammentreffen, dessen Grund zwar nicht genannt wird, aber möglicherweise mit den aktuellen Ereignissen rund um die Aktivitäten des klevisch-märkischen Hauses zusammenhing.

Es ist allerdings zu berücksichtigen, dass die Nijmegener Stadtrechnung von 1382 die älteste dort überlieferte Rechnung ist, der dann nach großer Lücke erst wieder die des Jahres 1414 folgt[62]. Es ist also nicht zu überprüfen, ob Marsilius in den Jahren vor und nach 1382 möglicherweise häufiger oder regelmäßig in Nijmegen Aufenthalt genommen hat. Da Marsilius am 8. Februar 1382[63] und auch danach in Bonn zu belegen ist, wird er wohl dort weiter seinen Hauptaufenthalt gehabt haben und womöglich im Zusammenhang mit der Emmericher Angelegenheit seiner alten Heimat einen Besuch abgestattet haben.

Interessant ist, dass das als Quelle für den Bonner Aufenthalt dienende Notariatsinstrument vom 8. Februar 1382 die Anwesenheit von Marsilius im dortigen Cassiusstift aufgrund eines sehr zeitnahen Inserts wechselnd mit den Herkunftsnamen „von Inghen" und „von Nijmegen" verzeichnet, was nochmals verdeutlicht, wie unfest die

---

[61] Regionaal Archief Nijmegen. 1 Stadsbestuur Nijmegen 1196–1810, Nr. 685, fol. 15 (s.u. „Bild- und Schriftzeugnisse", Nr. 7); Druck: Rekeningen der Stad Nijmegen 1382–1543, S. 28.

[62] Rekeningen der Stad Nijmegen 1382–1543, S. XXXIII.

[63] Landesarchiv NRW, Abteilung Rheinland, Bonn, St. Cassius, Urkunden Nr. 246 (s.u. „Bild- und Schriftzeugnisse", Nr. 8); vgl. HÖROLDT, Das Stift St. Cassius, S. 167. In dem Notariatsinstrument ist Marsilius als Kanoniker in eine Auseinandersetzung des Bonner Cassius-Stiftes mit seinem Propst Nikolaus von Riesenburg involviert. Letzterer sah sich rechtswidrig aufgefordert, dem Kapitel und seiner Kirche gewisse Dienste zu leisten, Leistungen zu erbringen und Gepflogenheiten zu wahren, weshalb er an den päpstlichen Stuhl appellierte. Marsilius erbat als Angehöriger des Bonner Kapitels zusammen mit dessen Dekan Bruno eine notarielle Abschrift des Appellationsinstruments.

Marsilius von Inghen und die Gründung der Heidelberger Universität 23

Namen in jener Zeit noch waren und dass von fest ausgebildeten Familiennamen noch keine Rede sein kann; vielmehr handelte es sich um Herkunftsnamen, die erst im Laufe der Zeit zu Familiennamen wurden[64].

Zwei Jahre später, als es erneut um Belange des Bonner Propstes Nikolaus von Riesenburg ging, wird er ebenfalls in einer Urkunde des Stiftes St. Cassius vom 5. März 1384 erwähnt[65]. Es kann damit also als erwiesen gelten, dass sich Marsilius von Inghen Anfang der 80er Jahre bis mindestens 1384 in Bonn aufgehalten hat. Möglicherweise hat er in jener Zeit auch seine Pfarrpfründe an der Kirche St. Gangolf in Bonn gegen ein Kanonikat mit Pfründe an der Kirche zu Münstereifel getauscht. Das Benefizium in Münstereifel im Eifeldekanat liegt unweit von Bonn. Zudem hat er offenbar das Kanonikat an der Kirche Sancti Crisanti et Darie in Münstereifel wieder gegen eine Pfarrstelle in der Kölner Zistersienserinnenkirche Maria ad ortum eingetauscht[66].

Zusammenfassend kann man also festhalten, dass Marsilius nicht nur die Vorgänge in Rom selbst miterlebt hat, sondern dabei zugleich mit seinem eigenen Propst als neuem Gegenpapst in Konflikt geraten ist. Somit stand er mit seinem Bonner Kanonikat mitten im Auge des

[64] S.o. Anm. 4.
[65] Landesarchiv NRW, Abteilung Rheinland, Bonn, St. Cassius, Urkunden Nr. 250 (s.u. „Bild- und Schriftzeugnisse", Nr. 9); REK IX, Nr. 742, S. 182f.; Frank REXROTH, Deutsche Universitätsstiftungen von Prag bis Köln. Die Intentionen des Stifters und die Wege und Chancen ihrer Verwirklichung im spätmittelalterlichen deutschen Territorialstaat (Beihefte zum Archiv für Kulturgeschichte 34), Köln/Weimar/Wien 1992, S. 191 sowie HÖROLDT, Das Stift St. Cassius, S. 243. *Mersilius de Inghen* findet sich in einer Auflistung der Kanoniker des Stifts St. Cassius zu Bonn, die sich bei Vakanz des Dekanats mit ihrem Propst Nikolaus von Riesenburg über die Ablieferung von Präbendalfrüchten einigen. Die Höfe in Poppelsdorf und Kürrighoven stehen dem Kapitel zur Mehrung aller Kanonikerpfründen zur Verfügung, während die größere Emenda, welche zum Gericht des Propstes in Endenich gehört, der Propstei vorbehalten bleibt. Sobald einer der Höfe vakant wird und das Kapitel darüber verfügen kann, soll zudem jährlich eine Memorie für den Propst abgehalten werden.
[66] Urkunden Sauerland 6, Nr. 890 und 891; RITTER, Studien zur Spätscholastik I, S. 8, Anm.1; THEISEN, Die Benediktiner-Abtei Prüm, S. 72.

Sturms, der sich nun in Form von gegenseitigen Pfründenprovisionen in den Stiften vor Ort entlud. Allein in Bonn hat Clemens VII. versucht, über 20 Kanonikerpfründen und 12 Anwartschaften auf *beneficia ecclesiastica* des Stifts zu vergeben – alle wurden von Papst Urban VI. wieder entfernt[67]. Doch die Spannungen innerhalb des Stifts – und nicht nur dort – waren groß und nicht jeder blieb lange in seinem ihm von Urban VI. zugedachten Amt. Nikolaus von Riesenburg bspw. verließ 1384/85 das Cassius-Stift, um Bischof von Konstanz zu werden[68]. Von diesem Zeitpunkt an haben bis 1390 Clementisten die Propstei des Bonner Cassius-Stiftes beansprucht[69] – und dies ist exakt der Zeitraum, in dem auch der von Clemens VII. und den Klever Grafen bekämpfte Urbanist Marsilius Bonn den Rücken gekehrt hat. Erst 1390 übernahm mit Kardinalbischof Philipp von Alençon wieder ein Anhänger römischer Oboedienz die Bonner Propstei, und in seinem Gefolgte erhielt auch Hugo von Hervorst, der seit 1386 wieder im Rheinland aktiv war, die Bonner Vizepropstei[70].

Als Schlussfolgerung liegt klar auf der Hand, dass Marsilius als Befürworter des römischen Papstes Urban VI. im Rheinland unter großem Druck stand und eine Pfründe nach der anderen zu verlieren drohte (wie St. Severin, St. Martin in Emmerich und St. Cassius in Bonn, auch wenn letzteres nicht erfolgreich war[71]). Insofern ist der Weggang von Marsilius aus dem von den beiden kirchenpolitischen Lagern heiß umkämpften Rheinland als Ausweichbewegung zu verstehen.

---

[67] HÖROLDT, Das Stift St. Cassius, S. 172.
[68] Vgl. zum Konstanzer Bischofsschisma Heike HAWICKS, Klöster – Kanzler – Konservatoren. Das kirchliche Umfeld der Universität Heidelberg vom späten Mittelalter bis in die frühe Neuzeit, in: Universitäten und ihr Umfeld (Heidelberger Schriften zur Universitätsgeschichte 7), hg. von Benjamin MÜSEGADES/Ingo RUNDE, Heidelberg 2019, S. 165–199, hier S. 180.
[69] HÖROLDT, Das Stift St. Cassius, S. 209.
[70] Ebd.
[71] Urkunden Sauerland 6, Nr. 871.

Was lag dabei näher, als sich an den Ort zu flüchten, wo der Mitbegründer des Urbansbundes von 1379 residierte und auch bei Verlust der auswärtigen Pfründen ein gesichertes Auskommen als Pfaffe und Rektor winkte? In der erwähnten Urkunde vom März 1384 ist Marsilius ein letztes Mal in Bonn fassbar[72]. Im Juni 1384 wechselte der Bonner Propst Riesenburg nach Konstanz, also in den Bereich der Mainzer Kirchenprovinz[73]. Die nächste gesicherte Nachricht über Marsilius stammt aus Heidelberg, wo er am 29. Juni 1386 von Pfalzgraf Ruprecht I. als Pfaffe und Rat angenommen wurde[74].

Die Wittelsbacher am Rhein und die Rolle Ruprechts von Berg

Wie hat Marsilius von Inghen zwischen März 1384 und Juni 1386 den Weg in die Pfalzgrafschaft und nach Heidelberg gefunden, wo er für den Rest seines Lebens blieb? Blickt man auf die Verhältnisse im Rheinland zurück, ergibt sich durch die Anwesenheit der Familie der Wittelsbacher in jener Zeit ein gewichtiger Hinweis. Die Tochter Ruprechts II. von der Pfalz, Anna von der Pfalz bzw. Bayern, wie sie im Rheinland genannt wurde, hatte im Jahr 1360 Wilhelm von Berg geheiratet, welcher 1380 in den Herzogsrang erhoben wurde. Das Paar hatte mehrere Kinder, darunter die älteste Tochter Beatrix, geb. 1360, und Ruprecht, geb. um 1365. Die Namenwahl beider Kinder zeigt ihre Herkunft deutlich an. Beatrix erhielt den Namen ihrer Großmutter

---

[72] S.o. S. 23; REK 9, Nr. 742; HAWICKS, Klöster – Kanzler – Konservatoren, S. 168.
[73] HAWICKS, Klöster – Kanzler – Konservatoren, S. 180.
[74] Quellenangabe s.u. S. 30 mit Anm. 89 und 91; vgl. Jürgen MIETHKE, Marsilius von Inghen als Rektor der Universität Heidelberg, in: Ruperto-Carola 76 (1986), S. 110–120, hier S. 110; Heike HAWICKS/Ingo RUNDE, Heidelberg and the Holy See – from the Late Medieval Reform Councils to the Reformation in the Electoral Palatinate, in: 1517. Le università e la Riforma protestante. Studi e ricerche nel quinto centenario delle tesi luterane (Studi e ricerche sull'università), ed. Simona NEGRUZZO, Bologna 2018, S. 33–54, hier S. 36f.

Beatrix von Sizilien (der Gattin Ruprechts II.), Ruprecht den seines Großvaters Ruprecht II. von der Pfalz[75] (s. Tafel S. 27). Der Jungherzog Ruprecht von Berg wurde früh auf hohe Kirchenämter vorbereitet. Bereits 1381, als der Bischof von Münster, Potho von Pothenstein, sein Amt niederlegte, wurde er von diesem selbst als Nachfolger vorgeschlagen[76]. Ein Jahr zuvor war Wilhelm von Berg von König Wenzel in den Herzogsstand erhoben worden, so dass auch Wenzel die an Urban VI. herangetragene Bitte unterstützte[77]. Möglicherweise scheiterte diese Bewerbung am Widerstand des Kölner Erzbischofs Friedrich von Saarwerden, aber auch die Jugend des Bewerbers könnte eine Rolle gespielt haben. Dieser wurde weiterhin in Rom ausgebildet und erhielt im Jahr 1386 von Papst Urban VI. den Titel eines *notarius publicus*[78]. Damit ist durch den jungen Berger Hoffnungsträger, der ja Sohn der Anna von der Pfalz war und den Namen des Großvaters Ruprecht und seines Onkels Ruprechts III., des späteren Königs, trug, ein Bindeglied zwischen dem päpstlichen Hof Urbans, dem rheinischen Haus Berg und letztlich über seine Mutter den pfälzischen Wittelsbachern gegeben. Ob Marsilius, welcher zuvor bereits zweimal in den Jahren 1369 und 1377/78 als Gesandter an der römischen Kurie in Rom (und zuvor Avignon) geweilt hatte, ihm den Weg dorthin geebnet hat, ist nicht zu belegen, auch nicht, ob Marsilius, der 1369 von Urban VI. auch die Expektanz auf ein Kanonikat in Münster erhalten hatte, an den Plänen zur Neubesetzung des Münsteraner Bischofsstuhls in irgendeiner Weise beteiligt war. Zeitlich hätte es diese Möglichkeit gegeben, denn 1381 war Marsilius nach dem bisher Herausgearbeiteten mit an Sicherheit grenzender Wahrscheinlichkeit wieder in der Kölner Kirchenprovinz aktiv.

---

[75] Vgl. dazu auch Ludwig HOLZFURTNER, Die Wittelsbacher. Staat und Dynastie in acht Jahrhunderten, Stuttgart 2005, Tafel 5, wo allerdings die hier zentrale Tochter Ruprechts II., Anna von Bayern, fehlt, welche das Bindeglied zum niederrheinischen Herzogtum Berg darstellt.
[76] Max PFANNENSTIEL, Der Passauer Bistumsstreit (1387–1393) und seine Beziehungen zur deutschen Reichsgeschichte, Diss. Halle a.S. 1910, S. 9.
[77] Ebd.
[78] Franz-Josef JAKOBI, Ruprecht von Berg, in: Neue Deutsche Biographie (NDB), Band 22, Berlin 2005, S. 287f., hier S. 288.

Marsilius von Inghen und die Gründung der Heidelberger Universität 27

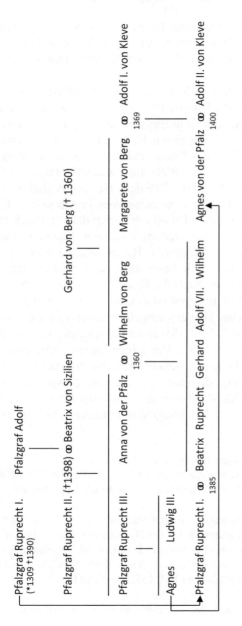

Übersicht zu den verwandtschaftlichen Beziehungen zwischen den Pfalzgrafen bei Rhein und den niederrheinischen Häusern in der 2. Hälfte des 14. Jhs.

Sicher ist jedoch, dass Ruprecht von Berg die Unterstützung König Wenzels hatte und in der Gunst Urbans VI. stand, was ihm dazu verhalf, dass dieser ihn 1387 schließlich mit dem Bischofsstuhl von Passau providierte[79]. Es sind dies die Jahre, in welchen Marsilius ganz offenbar seinen Standort wechselte und in die Dienste Ruprechts I. von der Pfalz trat. Und hier ergibt sich neben Anna von Bayern/Pfalz und Ruprecht von Berg noch ein weiteres Bindeglied, durch das in jenen Jahren das Band zwischen den Wittelsbachern am Rhein und der Rheinischen Pfalzgrafschaft besonders gestärkt wurde. Pfalzgraf und Kurfürst Ruprecht I. von der Pfalz gelobte am 23. Mai 1385 dem Herzog Wilhelm von Berg, dessen Tochter Beatrix zur Frau zu nehmen[80]. Am selben Tag versah er sie mit einem Wittum[81]. Damit ergab sich der eigentlich paradoxe Umstand, dass der seit drei Jahren verwitwete Ruprecht rund um seinen 76. Geburtstag die 25-jährige Beatrix ehelichte (s. Tafel S. 27). Doch abgesehen von dem beträchtlichen Altersunterschied handelte es sich dabei auch noch um die Enkelin seines eigenen Neffen, nämlich Ruprechts II.[82] Insofern ist es nicht verwunderlich, dass zu dieser Ehe ein päpstlicher Dispens eingeholt werden musste. Diesen erhielt der Kurfürst am 5. Juli 1385 durch Papst Urban VI. *(in castro Lucerie, Salernit. Dioc.*[83]*)*. Als Vermittler dieses Dispenses ist unter den oben beschriebenen Gegebenheiten am ehesten Beatrix' Bruder Ruprecht von Berg denkbar, der sich zu dieser Zeit am päpstlichen Hof aufhielt. Als Verfechter der römischen Oboedienz, als welcher Ruprecht I. seit der Gründung des Urbansbundes[84] gelten

---

[79] PFANNENSTIEL, Der Passauer Bistumsstreit, S. 8–10.
[80] Regesten der Pfalzgrafen am Rhein (RPR) 1214–1508, Band 1: 1214–1400, bearb. von Adolf KOCH/Jakob WILLE, Innsbruck 1894, Nr. 4606.
[81] RPR 1, Nr. 4607.
[82] Vgl. zur dynastischen Bedeutung zuletzt mit Literatur Volkhard HUTH, Zur Bedeutung der Pfalzgräfinnen für die Dynastie der rheinischen Wittelsbacher, in: Die Wittelsbacher und die Kurpfalz im Mittelalter. Eine Erfolgsgeschichte?, hg. von Jörg PELTZER/Bernd SCHNEIDMÜLLER/Stefan WEINFURTER, Regensburg 2013, S. 127–157, hier S. 134f.
[83] RPR 1, Nr. 4614
[84] Vgl. HAWICKS, Klöster – Kanzler – Konservatoren, S. 169 mit Anm. 22.

konnte, war diesem wohl kaum ein Wunsch abzuschlagen. Am 14. November 1385 verschrieb Ruprecht I. seiner Gemahlin weitere Gelder und Güter als Wittum[85] – die Eheschließung wurde also in der zweiten Jahreshälfte des Jahres 1385 vollzogen. Es ist unverkennbar auch die Zeit, in der Papst Urban VI. am 23. Oktober 1385 auf Bitten der Pfalzgrafen Ruprecht des Älteren, Jüngeren und Jüngsten die Errichtung eines *studium generale* in Heidelberg genehmigte[86]. Und auch hier ist es nicht auszuschließen, dass Ruprecht von Berg, nunmehr Bruder der neuen Pfalzgräfin bei Rhein, an der Vermittlung dieser Pläne beteiligt war; er soll nach Forschungen von M. Pfannenstiel auch noch im Dezember 1386 am päpstlichen Hof in Lucca zwecks Betreibung eigener Angelegenheiten vor Ort gewesen sein[87], bevor er im Frühjahr 1387 die Providierung mit dem Bistum Passau erreichte.

Marsilius als Pfaffe am Hof von Kurfürst Ruprecht I. und Beatrix von Berg sowie als *anheber und regirer* des Studiums zu Heidelberg

Es darf dabei nicht übersehen werden, dass Marsilius, der sicherlich bei Ankunft dieses päpstlichen Universitätsprivilegs am 24. Juni 1386 auf Schloss Wersau anwesend war[88], auch zum Pfaffen des Kurfürsten

---

[85] RPR 1, Nr. 4631.
[86] Universitätsarchiv Heidelberg, XII,1 Nr. 1 (URL: https://digi.ub.uni-heidelberg.de/diglit/uah_XII-1_1); Edition: UB Winkelmann 1, Nr. 2; Abb. mit Kommentar in: Päpste – Kurfürsten – Professoren – Reformatoren. Heidelberg und der Heilige Stuhl von den Reformkonzilien des Mittelalters zur Reformation. Katalog zur Ausstellung im Kurpfälzischen Museum vom 21.05.–22.10.2017, hg. vom Universitätsarchiv Heidelberg durch Heike HAWICKS/Ingo RUNDE sowie vom Historischen Verein zur Förderung der internationalen Calvinismusforschung e.V./Kurpfälzischen Museum Heidelberg, Heidelberg/Neustadt a.d.W./Ubstadt-Weiher/Basel 2017, Nr. 1.01, S. 13; RPR 1, Nr. 4628.
[87] PFANNENSTIEL, Der Passauer Bistumsstreit, S. 10.
[88] MIETHKE, Marsilius von Inghen in Heidelberg, S. 10.

angenommen wurde, wie aus der 5 Tage später von Ruprecht I. verfassten Verlautbarung hervorgeht: *daz wir meister Marsilius von Inghen zu unserm pfaffen gewonnen haben und daz er uns getruw und holt sin sal, unsern schaden zu warnen und unser bestes zu werben...*[89]. Dies lässt darauf schließen, dass Marsilius schon einige Zeit zuvor als Berater des Kurfürsten gewonnen worden war (nach J. Miethke mindestens ein Jahr früher[90]) und dass er angesichts seiner vorherigen Lebensstationen wohl mit der neuen Kurfürstin Beatrix aus dem Haus Berg im Jahr zuvor als beider Pfaffe an den Hof Ruprechts, Initiator des Urbansbundes, gekommen war. So hatte Kurfürstin Beatrix einen geistlichen Beistand aus ihrer Heimat um sich, der überdies auch noch mit ihrer Mutter Anna und ihrem Bruder Ruprecht von Berg, ihrem Großvater Ruprecht II., ihrem Onkel Ruprecht III. sowie Papst Urban in gutem Einvernehmen stand.

Im weiteren Verlauf des oft zitierten Satzes aus der Gründungsphase der Heidelberger Universität heißt es dann ergänzend: *... und auch daz er uns unsers studium zu Heidelberg ein anheber und regirer und dem furderlich for sin sal als er uns das alles glopt und gesworne hat*[91]. Auch wenn ein weiterer klarer schriftlicher Beleg für die Rolle, die Marsilius bei den vorbereitenden Planungen der Universitätsgründung gespielt hat, fehlt, so ist doch kaum von der Hand zu weisen, dass es keinen besseren bzw. anderen Experten für eine solche Planung, die seit 1385 im Gange war, im Umfeld Ruprechts hätte geben können. Außerdem gab es keinen anderen Zeitpunkt, an dem sein Wechsel vom Rhein an den Neckar in dieser Form möglich gewesen wäre. Die Umstände im Bonner Cassius-Stift, welches zu dieser Zeit ganz besonders mit clementistischer Einflussnahme kämpfte, erklären, wie der Entschluss bei Marsilius reifen konnte, Bonn und die Kölner Diözese im Gefolge der Wittelsbacherin Beatrix zu verlassen und mit einer urbanistisch privilegierten Pflanzstätte ein „neues Paris" römischer Oboedienz zu initiieren.

[89] Generallandesarchiv Karlsruhe 67, Nr. 807 (s.u. „Bild- und Schriftzeugnisse" Nr. 10); Druck: UB Winkelmann 1, Nr. 3; vgl. MIETHKE, Marsilius von Inghen als Rektor, S. 110.
[90] MIETHKE, Marsilius von Inghen in Heidelberg, S. 10.
[91] S.o. Anm. 89.

Marsilius von Inghen und die Gründung der Heidelberger Universität 31

So weist die 1386 in Heidelberg ins Werk gesetzte Universitätsgründung[92] einmal mehr in diesen Gesamtkomplex dichter Verflechtungen zwischen dem Rheinland, den dort regierenden Wittelsbachern und ihren gerade in den Jahren 1385 und 1386 besonders intensiven Beziehungen nach Rom und zur rheinischen Pfalzgrafschaft, der Heimat Annas von Berg.

Nähe zu den Zisterziensern

Bei Marsilius von Inghen lässt sich eine gewisse Neigung zu den Zisterziensern konstatieren. Er hatte bis 1396 die Pfarrstelle an St. Mauritius in der Kölner Zistersienserinnenkirche *ad ortum* inne[93]. Zudem findet sich als Dritter im Bunde des Heidelberger Gründungskonsortiums neben Marsilius und dem aus Prag hinzugekommen Artisten Heilmann Wunnenberg noch der Theologe Reginald von Aulne, ein Zisterzienser aus Lüttich, wo Marsilius ebenfalls bepfründet war – wie eingangs erwähnt war er dort bis 1396 Scholaster des Stiftes St. Dionysius[94].

[92] Vgl. zu den formalen Anfängen der Heidelberger Universität RITTER, Die Heidelberger Universität, S. 90ff.; Hermann WEISERT, Die Verfassung der Universität Heidelberg. Überblick 1386–1952 (Abhandlungen der Heidelberger Akademie der Wissenschaften, Philosophisch-Historische Klasse 1974,2), Heidelberg 1974, S. 19ff. und zuletzt Ingo RUNDE, Statuten und Reformen der Universität Heidelberg im Kontext von Politik, Religion und Wissenschaft – von der Gründungsphase bis zum Ausgang des 16. Jahrhunderts, in: Universitäten und ihr Umfeld. Südwesten und Reich in Mittelalter und Früher Neuzeit. Beiträge zur Tagung im Universitätsarchiv Heidelberg am 6. und 7. Oktober 2016 (Heidelberger Schriften zur Universitätsgeschichte 7), hg. von Benjamin MÜSEGADES/Ingo RUNDE, Heidelberg 2019, S. 35–72, hier S. 38ff.
[93] Urkunden Sauerland 6, Nr. 890.
[94] Heinrich Volbert SAUERLAND, Vatikanische biographische Notizen zur Geschichte des XIV. und XV. Jahrhunderts, in: Jahrbuch der Gesellschaft für Lothringische Geschichte und Altertumskunde 21,2 (1909), S. 349–355, hier S. 351; vgl. RITTER, Studien zur Spätscholastik I, S. 8, Anm. 1.

Gleich zu Beginn seines ersten Rektorates im November 1386 immatrikulierte sich darüber hinaus ein Zisterzienser aus der Filiation der Primärabtei Clairvaux, *Frater Nycholaus Aleyns monasterij s. Bernhardi super Scaldam ord. Cisterc. Camerac, dioc.*[95]. Es handelt sich dabei um das Bernhardskloster in Hemiksem bei Antwerpen, welches von den Brabanter Herzögen gegründet worden war[96]. Marsilius schätzte Bernhard von Clairvaux offenbar besonders, denn ein Autograph in den von ihm später der Heidelberger Bibliothek übereigneten Büchern zeigt, dass er dessen Schriften sammelte: *libri beati bernardi multi ad liberiam universitatis per Manus mei Marsilii de Inghen*[97]. Es wird daher nicht grundlos im Universitätskalender besonders hervorgehoben, dass er ausgerechnet am 20. August, dem Tag des heiligen Bernhard von Clairvaux, verstarb:

Anno domini millesimo trecentesimo nonagesimo sexto die vicesima mensis Augusti, que est dies sancti Bernhardi, obijt venerabilis vir magister Marsilius de Inghen, canonicus sancti Andree Coloniensis et thesaurarius, fundator huius studij et iniciator, in sacra theologia doctor egregius, hic primus formatus, qui multa volumina in theologia et artibus nostre legauit cum alijs clenodijs vniuersitati[98].

---

[95] Die Matrikel der Universität Heidelberg von 1386 bis 1662. Erster Teil von 1386 bis 1553, bearb. und hg. von Gustav TOEPKE, Heidelberg 1884, S. 10.

[96] In einer der Heidelberger Urkunden wird der Nachfolger des Marsilius im Rektoramt, Johannes de Noyt, auch als Brabanter bezeichnet; UB Winkelmann 2, Nr. 49; s.u. S. 38 mit Anm. 122.

[97] Biblioteca Apostolica Vaticana, Pal. lat. 306 (Bernardus Claraevallensis; Leo Magnus; Arnoldus Bonaevallensis; Richardus Praemonstratensis), Digitalisat: https://digi.ub.uni-heidelberg.de/diglit/bav_pal_lat_306/0006 (s.u. „Bild- und Schriftzeugnisse, Nr. 20). Übersetzung: „Zahlreiche Bücher des seligen Bernhard [von Clairvaux] an die Universitätsbibliothek, [übergeben] von meiner Hand, Marsilius von Inghen" (Universität Heidelberg, Mittellatein, Schaukasten „Marsilius von Inghen", URL: https://www.uni-heidelberg.de/institute/fak9/mlat/marsilius_von_inghen.html, aufgerufen am 15.09.2021).

[98] Matrikel Toepke 1, S. 636; Universitätsarchiv Heidelberg, M1, fol. 16v (s.u. „Bild- und Schriftzeugnisse" Nr. 22); Digitalisat: https://digi.ub.uni-heidelberg.de/diglit/uah_m1/0036. Vgl. zum akademischen Kalender in

Die Zisterzienser waren eine auch bei den Berger Grafen und Herzögen beliebte Klostergemeinschaft. Im Altenberger Dom, einer Zisterzienserabtei, hatten die Berger Grafen die Grablege ihres Hauses begründet[99]. Im Jahr 1360, dem Jahr der Eheschließung zwischen Wilhelm von Berg und Anna von Bayern, wurden die traditionellen Freiheiten des bergischen Hausklosters bestätigt und im Jahr 1374 tätigte das Paar eine Schenkung, für welche das Kloster den Grafen als treuen

Heidelberg zuletzt Wolfgang Eric WAGNER, Die spätmittelalterliche Universität Heidelberg als Zeitgruppe. Der akademische Kalender zwischen Kirchenjahr und pfalzgräflicher Memoria, in: Universitäten und ihr Umfeld. Südwesten und Reich in Mittelalter und Früher Neuzeit. Beiträge zur Tagung im Universitätsarchiv Heidelberg am 6. und 7. Oktober 2016 (Heidelberger Schriften zur Universitätsgeschichte 7), hg. von Benjamin MÜSEGADES/Ingo RUNDE, Heidelberg 2019, S. 201–227.
Auch die nur sekundär bei Melchior Adam (Apographum Monvmentorvm Haidelbergensivm, Haidelbergae 1612, S. 54) überlieferte Inschrift seiner Grabplatte enthält zusätzlich zum Tagesdatum den Hinweis auf den Tag des hl. Bernhard (s.u. „Bild- und Schriftzeugnisse", Nr. 25): *ANNO DOMINI M CCC XCVI DIE SANCTI BERNHARDI XX. AVGVSTI OBIIT VENERABILIS VIR MAGISTER MARSILIVS DE INGHEN SACRAE THEOLOGIAE PROFESSOR EXIMIVS* („Im Jahr des Herrn 1396 am Tag des hl. Bernhard, dem 20. August, starb der ehrwürdige Mann, Marsilius von Inghen, hervorragender Professor der heiligen Theologie"). Die in einer Inkunabel von 1499 überlieferte und möglicherweise dem Original näher stehende Kurzform, bringt ebenfalls den Bezug zum hl. Bernhard von Clairvaux s.u. „Bild- und Schriftzeugnisse" Nr. 24): *Anno domini M. CCC.L.XXXXVI. obiit magister Marsilius de Inghen ip(s)o die Bernardi* (Im Jahr des Herrn 1396 starb Magister Marsilius von Inghen am Tag des hl. Bernhard); Anneliese SEELIGER-ZEISS, Das Grabmal des Marsilius von Inghen, in: Reinhard DÜCHTING/Jürgen MIETHKE/Anneliese SEELIGER-ZEISS/Dorothea WALZ, Marsilius gedenken. Reden zur Feier anlässlich der Neuausgabe der Gedenkschrift 1499 zum einhundertsten Todestag des Marsilius von Inghen. In der Peterskirche, 16. September 2008, Heidelberg 2008, S. 21–25, hier S. 24f.

[99] Axel KOLODZIEJ, Herzog Wilhelm I. von Berg (1380-1408) (Bergische Forschungen 29), Neustadt an der Aisch 2005, S. 127ff., dort auch weitere Quellen.

Förderer im Nekrolog lobte[100]. Die schon 1255 begonnene und 1287 vollendete gotische Kirche wurde schließlich erst 1379 als „Bergischer Dom" geweiht[101] – im folgenden Jahr erhielt Wilhelm von Berg von König Wenzel die Würde eines Herzogs. Auch danach erhielt die Grablege der Grafen von Berg weiter Zuwendungen des Herrscherpaares, an denen 1382 auch der älteste Sohn Ruprecht mitwirkte[102].

In den Jahren nach 1386[103] wurde in Altenberg mit dem berühmten Westfenster die wohl monumentalste Bildschöpfung des Mittelalters in Deutschland überhaupt geschaffen[104]. Es präsentiert dabei an prominenter Stelle das Stifterpaar, Wilhelm von Berg und seine Gattin Anna von Pfalz/Bayern. Dieses prachtvolle Fenster, welches Anna als Adorantin zu Füßen der hl. Elisabeth zeigt, erweist, welch eine Bedeutung das Haus Berg in den 80er Jahren des 14. Jhs. erlangt hatte. Die Glasmalerei wird um 1390 entstanden sein, da das Berger Herzogspaar sich ab 1392 verstärkt der Förderung seines neuen Residenzstiftes in Düsseldorf zuwandte[105].

Allerdings befindet sich die Grabplatte des 1408 verstorbenen Herzogs Wilhelm in dem von ihm stets geförderten Zisterzienserkloster Altenberg, weshalb man davon ausgehen kann, dass er dort begraben wurde, ebenso wie sein bereits vor ihm im Jahr 1394 früh

---

[100] KOLODZIEJ, Herzog Wilhelm I., S. 128; Urkundenbuch für die Geschichte des Niederrheins oder des Erzstifts Köln, der Fürstentümer Jülich und Berg, Geldern, Mörs, Kleve und Mark, und der Reichsstifte Elten, Essen und Werden, hg. von Theodor Joseph LACOMBLET, Band 3: 1301–1400, 2. Ndr. Aalen 1966 [1853], Nr. 758 (dort auch Quellenangabe zum Nekrolog in Anm. 554).

[101] KOLODZIEJ, Herzog Wilhelm I., S. 128 mit Anm. 555.

[102] Ebd.

[103] Urkunde zum geplanten Maßwerk von 7. Mai 1386; vgl. KOLODZIEJ, Herzog Wilhelm I., S. 129.

[104] Daniel PARELLO, Der Fensterschmuck im Kloster Altenberg. Zum Bestand seiner Datierung, in: „Wenn nicht der Herr das Haus baut ..." Altenberg. Vom Zisterzienserkloster zum Bergischen Dom. Festschrift der katholischen Kirchengemeinde St. Mariä Himmelfahrt, Altenberg zur 750 Jahrfeier der Grundsteinlegung des Altenberger Domes, hg. von Petra JANKE/Norbert ORTHEN, Altenberg 2009, S. 41–55, hier S. 49.

[105] KOLODZIEJ, Herzog Wilhelm I., S. 130.

verstorbener Erbe, Bischof Ruprecht von Passau bzw. später Paderborn. Den Zisterziensern standen auch Ruprecht I. und Ruprecht II. von der Pfalz nahe. Neben der Mainzer Gründung Eberbach (um 1130) und der Wormser Gründung in Schönau (um 1142) gehörte seit Beginn des 14. Jhs. auch das Kloster Neuburg vor den Toren Heidelbergs zum Zisterzienserorden – seit 1303 sind Zisterzienserinnen dort nachzuweisen[106].

Das Große Abendländische Schisma, das Marsilius von Inghen in Paris und Bonn so übel mitgespielt hatte, betraf auch ganz konkret diesen Orden, denn das *Collegium Sancti Bernardi(!)* an der Pariser Universität, dessen Anfänge bis 1237 zurückgehen, war wie die Universität ebenfalls Clemens VII. verfallen. Man ordnete dort für den Gegenpapst in Avignon *domino nostro domino Clemente divina providentia sacrosanctae Romanae et totius universalis Ecclesiae Summo Pontifice*, drei Messen an, während die römischen Päpste Urban und Bonifaz in den Statuten des Generalkapitels von Citeaux nur am Rande vorkommen[107].

Als Ersatz für das in Paris den Clementisten zugefallene Studium für junge Zisterzienser ließ Ruprecht I., sicherlich unter Einfluss Reginalds von Aulne und Frater Nikolaus' von Hemiksem, bereits 1387 am Fuße des Heidelberger Schlossbergs ein Kollegiengebäude „St. Jakob" für studierende Zisterziensermönche errichten[108]. Nach dem Tod Urbans erteilte Papst Bonifaz IX. am 9. November 1389 die von seinem Vorgänger gegebene, aber nicht mehr schriftlich ausgefertigte Einwilligung zur Einrichtung des Jakobskollegiums; mit der Aufsicht

---

[106] Vgl. Meinrad SCHAAB, Die Zisterzienserabtei Schönau im Odenwald (Heidelberger Veröffentlichungen zur Landesgeschichte und Landeskunde 8), Heidelberg 1963, S. 21; Franziskus HEEREMANN OSB, Stift Neuburg, in: Heidelberg. Geschichte und Gestalt, hg. von Elmar MITTLER, Heidelberg 1996, S. 236–241, hier S. 237.

[107] Wilfried WERNER, Die mittelalterlichen nichtliturgischen Handschriften des Zisterzienserklosters Salem, Wiesbaden 2000, S. LIV.

[108] Ebd.; Karl OBSER, Zur Geschichte des Heidelberger St. Jakobskollegiums, in: Zeitschrift für die Geschichte des Oberrheins 57, 1903, S. 434–450, hier S. 435.

betraute er den Abt von Schönau[109]. Im Jahr 1394 nahm eine Äbte-Versammlung im Kloster Heilsbronn die Ruprecht'sche Schenkung an; seitdem gehörte das Kolleg dem urbanistischen Zweig des ebenfalls gespaltenen Zisterzienserordens an und wurde der Heidelberger Universität als Contubernium inkorporiert[110]. Doch erst nach dem Tod Ruprechts I. und auch des Marsilius von Inghen erließ das Generalkapitel in Wien ein Gebot, Mönche zum Studium nach Heidelberg zu entsenden[111].

Die Pfalzgrafen Ruprecht I. und Ruprecht II. riefen jedoch nicht nur das St. Jakobs-Kolleg in Heidelberg ins Leben, sondern unterhielten auch selbst intensive Beziehungen zu den Zisterziensern in Schönau. Ruprecht I. hielt sich bspw. in der Karwoche 1380 dort auf, um an den heiligen Handlungen und Übungen im Kloster teilzunehmen[112]. Auch für König Ruprecht sind mehrere Aufenthalte zur Osterzeit bekannt[113]. Einige Angehörige des Hauses Wittelsbach sind dort bestattet, wovon in unserem Zusammenhang insbesondere der Vater Ruprechts II., Adolf († 1327), seine Tante Anna von Kärnten, Gattin Rudolfs II. († 1331), möglicherweise sein früh verstorbener Bruder Adolf, seine Gattin Beatrix von Sizilien († 1365) und vor allem er selbst zu nennen sind[114]. Ruprecht II. ließ sich dort, im Gegensatz zu seinem Onkel und Vorgänger, welcher sich in der von ihm geschaffenen Grablege, dem Stift Neustadt an der Weinstraße, begraben ließ, in Schönau bestatten – betont schlicht und auf seinen Wunsch nur mit einem Stein oder Erdklumpen unter dem Kopf[115].

---

[109] UB Winkelmann 1, Nr. 27; P. Adalrich ARNOLD, Das Cistercienser-Studienkollegium St. Jakob an der Universität Heidelberg 1387–1523, in: Cistercienser Chronik 48 (1936), S. 33–44, 69–84, 106–120, hier S. 35.
[110] WERNER, Die mittelalterlichen nichtliturgischen Handschriften, S. LIX und ARNOLD, Das Cistercienser-Studienkollegium, S. 35.
[111] UB Winkelmann 2, Nr. 64; WERNER, Die mittelalterlichen nichtliturgischen Handschriften, S. LIX.
[112] SCHAAB, Die Zisterzienserabtei Schönau, S. 56.
[113] Ebd.
[114] Ebd., S. 57.
[115] Carola FEY, Spätmittelalterliche Adelsbegräbnisse im Zeichen von Individualisierung und Institutionalisierung, in: Erinnerung und Tradition in

Auch an dieser Hinwendung zu den Zisterziensern kann man ersehen, wie eng die Wittelsbacher an Neckar und am Rhein verbunden waren – die zisterziensischen Grablegen in Altenberg und Schönau zeigen diese Parallele deutlich an. Dabei ist hervorzuheben, dass es sich bei den in Schönau begrabenen Familienmitgliedern um Großeltern, Großtante und die eigenen Eltern Annas von Berg/Bayern/Pfalz handelte.

In den folgenden Jahren entwickelte sich jedoch ein Trend zur Gründung von Stiften als neuen Grablegen: Dies geschah in der Pfalzgrafschaft in Neustadt an der Weinstraße, wo 1390 Ruprecht I. und 1395 seine junge Gattin Beatrix begraben wurden, im Herzogtum Berg mit Düsseldorf, wo viele Jahre später 1415 auch Anna von Bayern/Pfalz begraben wurde – während ihr Gatte Wilhelm und ihr ältester Sohn Ruprecht wie oben erwähnt offenbar in Altenberg bestattet wurden. Auf die Düsseldorfer Stiftsgründung wird noch zurückzukommen sein[116].

Nachdem die niederrheinisch-kurpfälzischen Beziehungen auf gleich mehreren Ebenen als relevant für Marsilius herausgearbeitet werden konnten, gilt es nun der Frage nachzugehen, ob und ggfs. wie Marsilius von Inghen sein niederrheinisches Netzwerk nach seiner Entscheidung, nach Heidelberg zu wechseln, weiter pflegte bzw. nutzte.

Adelsherrschaft, Tradition und Erinnerung in Adelsherrschaft und bäuerlicher Gesellschaft, hg. von Werner RÖSENER, Göttingen 2003, S. 81–106, hier S. 95 und bereits Maximilian HUFFSCHMID, Beiträge zur Geschichte der Zisterzienserabtei Schönau bei Heidelberg. IV. Verzeichnis der in Schönau beigesetzten Personen, in: Zeitschrift für die Geschichte des Oberrheins NF 7 (1892), S. 69–103, hier S. 81f.
[116] S.u. S. 53f.

Weggefährten von Marsilius an der neu gegründeten Heidelberger Universität

Wie bereits gezeigt werden konnte, war der 1386 zum Gründungskonsortium hinzugetretene Reginald von Aulne als Zisterzienser aus Lüttich hinzugekommen[117], wo Marsilius über eine Pfründe verfügte. Wenig später, wohl Anfang November, kam als dritter Artistenmagister[118] Ditmarus de Swerthe aus der Kölner Diözese hinzu (Schwerte liegt an der Ruhr, nahe Dortmund, wo auch das Stift Xanten eine abhängige Pfarrkirche besaß[119]). Auch wenn er zuvor an der Universität Prag gewesen war, kam er doch aus der Kölner Diözese, wie sein Eintrag ins Matrikelbuch untrüglich erweist[120]. Im Januar 1387 kam aus Prag der Theologe Konrad von Soltau hinzu, und als man sich im März 1387, gegen Ende des ersten Rektorates von Marsilius, in der Stube des Franziskanerklosters versammelte, waren es schon acht Magister[121]. Zu den drei Gründungsmitgliedern Marsilius, Reginald von Aulne und Heilmann Wunnenberg waren nach Dietmar Swerthe noch Johann van de Noet sowie Berthold von Dieburg und Friedrich von Sulzbach hinzugekommen. Von diesen kam *Johannes van der Noyt*, wie er im Matrikelbuch eingetragen ist, aus der Diözese Cambrai; er wird später auch als *natum de Brabantia* bezeichnet[122]. An der Nennung der Geburtsorte bzw. der Herkunfts-Diözesen im Matrikelbuch wird sehr deutlich, dass auch die aus Prag hinzugekommenen Magister häufiger niederrheinischer oder zumindest nordwestlicher Herkunft waren und dies auch so wahrgenommen wurde. Bei den acht genannten Magistern des Jahres 1387 war dies in einer Mehrheit von fünf Fällen so[123], wobei nur einer von ihnen neben Marsilius selbst

---

[117] MIETHKE, Marsilius als Rektor (1992), S. 17.
[118] Ebd., S. 18.
[119] WEIBELS, Die Großgrundherrschaft Xanten, Karte.
[120] Matrikel Toepke 1, S. 7.
[121] MIETHKE, Marsilius als Rektor (1992), S. 23.
[122] UB Winkelmann 2, Nr. 49; Matrikel Toepke 1, S. 3.
[123] Magister Konrad von Soltau wurde als Hildesheimer Kanoniker in die Heidelberger Matrikel eingetragen (Matrikel Toepke 1, S. 1).

Marsilius von Inghen und die Gründung der Heidelberger Universität 39

Pariser Hintergrund hatte und ihm aus diesen Gründen nahestand. Immerhin wurde der aus der Kölner Diözese stammende Dietmar Swerthe im September 1387 als Rotulusgesandter an die päpstliche Kurie gesandt und übernahm im Juni 1388 auch das (siebte) Rektorat[124]. Johann van de Noet wurde später ebenfalls Rektor und folgte als Marsilius-Vertrauter ihm auch gleich nach dessen Tod als amtierender Rektor im Amt; im Anschluss daran übte er zugleich auch das darauffolgende Rektorat aus[125]. Noch eine interessante Personalie führt zu den hier herausgearbeiteten nordwestlichen Beziehungen. Unter den in der Matrikel zuerst aufgeführten 40 *Nomina magistrorum in artibus et baculariorum aliorum facultatum*[126] finden sich gut 10 Namen aus der Kölner Kirchenprovinz, darunter auch der dritte Rektor (von Juni bis Oktober 1387) Johann von Dortmund[127], in die Matrikel eingetragen als Johannes Bersvort[128]. Er gehörte also der berühmten Berswordt-Familie an[129], die auch Wilhelm von Berg nahestand und die er als Stifter möglicherweise sogar mit der Schaffung des berühmten Dortmunder Berswordt-Retabels beauftragt hatte. Die auf dem Retabel dargestellte Maria der Verkündigung gleicht bis ins Detail der Darstellung des oben erwähnten Altenburger Westfensters, in der wiederum Wilhelm als Stifter neben einer weiblichen Heiligenfigur kniet. Zwar kommt der Berswordt-Meister nicht für den Entwurf des Altenberger Westfensters in Frage[130], aber es scheint denkbar, dass der Berger Herzog

---

[124] Hermann WEISERT/Dagmar DRÜLL/Eva KRITZER, Rektoren, Dekane, Prorektoren, Kanzler, Vizekanzler, Kaufmännische Direktoren des Klinikums der Universität Heidelberg, 1386–2006, Heidelberg 2007, S. 1.
[125] Ebd., S. 2.
[126] Matrikel Toepke 1, S. 6ff.
[127] WEISERT/DRÜLL/KRITZER, Rektoren, S. 1.
[128] Matrikel Toepke 1, S. 8.
[129] Thomas SCHILP, Berswordt – eine Familie der Dortmunder Führungselite des Mittelalters, in: Der Berswordt-Meister und die Dortmunder Malerei um 1400. Stadtkultur im Spätmittelalter, hg. von Andrea ZUPANCIC/Thomas SCHILP (Veröffentlichungen / Stadtarchiv Dortmund 18), Bielefeld 2002, S. 139–144, hier S. 144.
[130] Uwe GAST/Daniel PARELLO/Hartmut SCHOLZ, Der Altenberger Dom, Regensburg 2008, S. 66.

das Altarwerk in der Dortmunder Marienkirche mindestens gut kannte und den mit der Gestaltung des großen Westfensters beauftragten Maler mit der Schaffung eines Kunstwerkes nach diesem Vorbild beauftragt haben könnte[131]. Hier ist also durch einen Angehörigen der Familie Berswordt im Amt des Heidelberger Rektors wieder eine recht konkrete Verbindung zu den rheinischen Wittelsbachern im Haus Berg gegeben.

Auch auf weiteren Feldern nutzte Marsilius seine niederrheinischen Beziehungsgeflechte. Als in einem ersten Schritt, der zur Absicherung der neuen Universitätspflanzung am Necker vorgenommen wurde, vom Papst Konservatoren ernannt wurden, welche die Existenz und Interessen den jungen Universität schützen sollten, beauftragte Papst Urban VI. im Jahr 1387 mit diesem Amt die Dekane von Konstanz, St. Andreas in Köln und Neustadt[132]. Eindeutig spielen hier Marsilius' Verbindungen wieder die entscheidende Rolle, denn seine oben erwähnte Bekanntschaft mit dem ehemaligen Propst des Bonner Cassius-Stiftes Nikolaus von Riesenburg, der 1384 Bischof von Konstanz wurde, erklärt zwanglos eine sonst nicht gut erklärbare Beziehung zum Konstanzer Bistum[133]. Ebenso ist die Verbindung nach St. Andreas in Köln zu erklären, wo Marsilius Kanonikat und Thesaurarie innehatte[134]. Ohne Marsilius und seine kirchlichen Benefizien wäre die Besetzung der Konservatorenämter mit Amtsträgern aus diesen weiter entfernten Standorten wohl kaum erklärbar. Als in den Jahren 1398 und 1400 diese Ämter von Bonifaz IX. durch Exekutoren neu besetzt wurden, ersetzte man die beiden Dekane von Köln und Konstanz durch den Abt von Schönau und den Dekan von St. Victor vor

---

[131] Andrea ZUPANCIC, Die anderen Werke des Berswordt-Meisters, in: Der Berswordt-Meister und die Dortmunder Malerei um 1400. Stadtkultur im Spätmittelalter, hg. von Andrea ZUPANCIC/Thomas SCHILP (Veröffentlichungen / Stadtarchiv Dortmund 18), Bielefeld 2002, S. 165–221, hier S. 215.

[132] UB Winkelmann 1, Nr. 24 sowie 2, Nrr. 22 und 31; vgl. HAWICKS, Klöster – Kanzler – Konservatoren, S. 177–179.

[133] Vgl. dazu HAWICKS, Klöster – Kanzler – Konservatoren, S. 180.

[134] Marsilius ist dort von 1386–1396 nachweisbar; vgl. DRÜLL, Heidelberger Gelehrtenlexikon 1386–1651, S. 373.

Mainz[135]. Zu diesem Zeitpunkt war Marsilius bereits verstorben und seine Beziehungsnetzwerke konnten nicht weiter genutzt werden, so dass man auf Klöster und Stifte zurückgriff, die den Pfalzgrafen nahestanden bzw. nicht so weit entfernt waren. Als ein weiteres Beispiel ist Dietrich von Münster zu nennen[136]. Marsilius von Inghen finanzierte aus den 1387 reichhaltig fließenden Rotulusgeldern ein Universitätsszepter[137], wozu er am 21. Juni 1388 noch fehlende Gelder offenbar aus eigener Kasse beisteuerte[138]. Mit der Niederschrift des diesbezüglichen Sachverhaltes wurde *Thidericus de Monasterio* beauftragt, also Dietrich von Münster[139] – wie erwähnt, hatte Marsilius in Münster einst auch päpstlicherseits eine Pfründenexpektanz erhalten und Ruprecht von Berg das dortige Bischofsamt angestrebt. Noch das heutige, 1492 erneuerte und 1581 nochmals reparierte Zepter trägt inschriftlich jenes Tagesdatum des 21. Juni 1388[140] und verbindet es mit dem zweiten Rektorat des Marsilius, was von der Zählung her ganz offensichtlich unrichtig ist[141].

---

[135] UB Winkelmann 1, Nrr. 48f. zu 1398 und 1400; vgl. zu den Konservatoren HAWICKS, Klöster – Kanzler – Konservatoren, S. 180f.

[136] DRÜLL, Heidelberger Gelehrtenlexikon 1386–1651, S. 123.

[137] UB Winkelmann 2, Nr. 32; AUH 1, Nr. 97 (s.u. „Bild- und Schriftzeugnisse", Nr. 16).

[138] Matrikel Toepke 1, S. 27ff. mit Anm. 7; vgl. MIETHKE, Marsilius von Inghen als Rektor (1992), S. 31f.; MIETHKE, Marsilius von Inghen in Heidelberg, S. 11.

[139] DRÜLL, Heidelberger Gelehrtenlexikon 1386–1651, S. 123.

[140] Günter W. VORBRODT/Ingeburg VORBRODT, Die akademischen Szepter und Stäbe in Europa, Textband (Corpus sceptrorum / Heidelberger Akademie der Wissenschaften 1,1), Heidelberg 1971, S. 97; vgl. auch zuletzt Alexandra ROTHENBERGER, Die Zepter der Universität Heidelberg. Eine stilkritische Datierung, Masterarbeit Universität Heidelberg 2015, S. 6 und 25f. (s.u. „Bild- und Schriftzeugnisse", Nr. 17).

[141] Im 15. und 16. Jh. herrschte offenbar noch Unsicherheit über die ersten Rektorate. Noch Rektor Georg Sohn war der Ansicht, das erste Rektorat des Marsilius von Inghen habe im November 1387 begonnen und ließ das 200-jährige Jubiläum der Universität daher im Jahr 1587 feiern; zu diesem Anlass hielt er auch eine Rede vom Ursprung der Universität Heidelberg:

Zuletzt ist auf ein Desiderat hinzuweisen: Die Immatrikulationen der Heidelberger Gründerzeit sind bisher noch nicht mit Blick auf die niederrheinischen Herkunftsdiözesen bzw. -orte der Inskribenten ausgewertet worden. Die diesbezügliche Untersuchung von J. de Wal[142] geht diesbezüglich leider fehl, da sie nur Herkunftsorte und -namen aus den Niederlanden in heutigen Grenzen aufnimmt und damit die historischen Niederrheinlande zerschneidet, die sich im 14. Jh. noch ohne eine solche Grenze nach Westen ausdehnten, so dass die Diözesen Utrecht und Lüttich wie oben dargelegt als Suffraganate zur Kirchenprovinz Köln zählten[143].

Von den 165 im ersten Rektorat des Marsilius von Inghen Eingeschriebenen kam immerhin ein Drittel aus der Kirchenprovinz Köln[144]. Neben Namen aus Nijmegen finden sich tatsächlich auch Personen aus der Familie des Marsilius: *Wolterus de Inghen*[145], *Franco de Inghen*[146] und der nur an einer Stelle erwähnte Kanoniker

Georg SOHN, Rede vom Ursprung der Universität Heidelberg 1587. Faksimile der Erstveröffentlichung 1615, Heidelberg 1988.

[142] Johann de WAL, Nederlanders, Studenten te Heidelberg, Leiden 1886.

[143] Vgl. die Karte bei DIEDERICH, Das Erzbistum Köln 1, S. 14 und in diesem Band Kartenanhang, Nr. 2; zur allmählichen Grenzbildung im Laufe des 16. Jhs. durch den burgundischen Kreis Karls V. s.o. S.8f. mit Anm. 8.

[144] S.u. Anhang II: Matrikelliste. Das Heidelberger Universitätsarchiv arbeitet seit einigen Jahren auf ein größeres Datenbank-Projekt zur Erfassung der Matrikeleinträge hin, das eine solche Zusammenstellung sehr erleichtert hätte; vgl. zuletzt Ingo RUNDE, From university matriculation registers to historical personal database – digitisation, indexing and prosopographic classification, in: Acta Universitatis Carolinae – Historia Universitatis Carolinae Pragensis 60/1 (2020), S. 171–186 (URL: https://karolinum.cz/data/clanek/8852/HUCP_60_1_0171.pdf) und mit weiterer Literatur Heike HAWICKS/Ingo RUNDE (Hgg.), Universitätsmatrikeln im deutschen Südwesten. Bestände, Erschließung und digitale Präsentation. Beiträge zur Tagung am 16. und 17. Mai 2019 im Universitätsarchiv Heidelberg (Heidelberger Schriften zur Universitätsgeschichte 9), Heidelberg 2020.

[145] Matrikel Toepke 1, S. 9, 10, 627, 684.

[146] Matrikel Toepke 1, S. 21, 51–53, 642, 696; Matrikel Toepke 2, S. 363–365 (Album magistrorum artium a. 1391–1620), 608 (Syllabus rectorum universitatis studii Heidelbergensis 1386–1668).

Marsilius von Inghen und die Gründung der Heidelberger Universität 43

an St. Severin zu Köln *Wilhelmus de Inghen*[147]. Wolter von Inghen, der Bruder von Marsilius, war Kleriker an der Utrechter Marienkirche und immatrikulierte sich zwischen November 1386 und Dezember 1387 als Artistenbakkalar. Später ist er als amtierender Magister nachzuweisen und hielt sich noch im Dezember 1396, also nach dem Tod seines Bruders Marsilius, an der Universität auf[148]. Auch ein Neffe des Marsilius, Frank von Inghen, immatrikulierte sich im dritten Quartal des Jahres 1387, wurde in den Jahren 1391–1393 zweimal Rektor und fungierte danach mehrfach als Dekan der Artistenfakultät; er war sogar Inhaber einer Kollegiatpfründe am Heidelberger Heiliggeiststift. Er verließ die Universität 1398, also zwei Jahre nach dem Tod seines Onkels und ist danach an der Kölner Universität nachweisbar[149].

Konkurrenz und Krisen seit 1388

Dass die kleine Heidelberger Gründung in ihrer Anfangsphase so viele Auswärtige, darunter viele Kleriker der Kölner Kirchenprovinz, anzog, liegt mit Sicherheit an den frühen päpstlichen Gunsterweisen für die neue Universität, darunter die allesamt aus dem Jahre 1387 stammenden Förderungen durch Urban VI. Er setzte zur Wahrung der Rechte der jungen Universität Konservatoren ein (August 1387), gewährte ein Residenzprivileg (ebenfalls vom August 1387) und beschied möglicherweise einen ersten Universitätsrotulus, welcher im April 1387 begonnen und im September auf den Weg nach Rom gebracht wurde, positiv[150]. All diese päpstlichen Begünstigungen des

---

[147] Matrikel Toepke 1, S. 21.
[148] DRÜLL, Heidelberger Gelehrtenlexikon 1386–1651, S. 540.
[149] Ebd., S. 157.
[150] Der Ausgang des ersten Rotulus ist de facto zwar ungewiss, aber sowohl er als auch die zweite von Marsilius begleitete Rotulusgesandtschaft vom Herbst 1389 sind aufgrund weiterer päpstlicher Indulgenzen in den betreffenden Zeiträumen mit recht hoher Wahrscheinlichkeit erfolgreich gewesen; vgl. zu den Universitätsrotuli August THORBECKE, Die älteste Zeit der Universität Heidelberg 1386–1449, Heidelberg 1886, S. 17*–24*, hier

Jahres 1387 können noch durch Vermittlung oder unter Beteiligung Ruprechts von Berg zustande gekommen sein. Eine spätere, im November 1389[151] stattgefundene Reise an die römische Kurie unternahm Marsilius selbst, und zwar gemeinsam mit Konrad von Soltau, dem aus Prag gekommenen Professor und erfahrenen Kurien-Unterhändler[152]. Zu jenem Zeitpunkt sank der Stern des aufstrebenden Ruprecht von Berg, denn der neue Papst Bonifaz IX. stimmte gleich zu Beginn seines Pontifikats am 9. November 1389 der von seinem Vorgänger am 15. März 1389 bewilligten und durch Albrecht von Österreich betriebenen Aufhebung der Provision Ruprechts für das Bistum Passau zugunsten jener für den Bischofssitz in Paderborn zu[153]. Daraus entwickelte sich ein Konflikt um das ungleich reichere Bistum Passau, auf das Ruprecht von Berg erst 1393 offiziell verzichtete, so dass er nicht mehr als Mittelsmann zur Kurie infrage kommen konnte[154].

Zudem ergab sich mit der 1388 in Köln errichteten Universität ein weiterer Impuls aus dem Rheinland, allerdings in für Heidelberg nicht günstiger Art und Weise. Viele der am Neckar Lehrenden und Lernenden wanderten in die neue Hochschule ab, was Marsilius vor allem

S. 20* sowie Jürg SCHMUTZ, Die Supplikenrotuli der Universitäten Heidelberg und Köln 1389–1425 als Instrumente der Studienfinanzierung, in: Zeitschrift für Historische Forschung 23 (1996), S. 145–167.

[151] AUH 1, Nr. 2; UB Winkelmann 2, Nr. 46; THORBECKE, Die älteste Zeit, S. 20*.

[152] Vgl. Hans-Jürgen BRANDT, Universität, Gesellschaft, Politik und Pfründen am Beispiel Konrads von Soltau († 1407), in: The Universities in the Late Middle Ages, ed. Jozef IJSEWIJN/Jacques PAQUET (Mediaevalia Lovaniensia I, Studia VI), Leuven 1978, S. 614–627, hier S. 624; Ludwig SCHMITZ, Conrad von Soltau, Diss. Jena 1891, S. 14–30.

[153] JAKOBI, Ruprecht von Berg, S. 287; PFANNENSTIEL, Der Passauer Bistumsstreit, S. 30f.

[154] Es ist gut möglich, dass dadurch das Verhältnis zwischen der Kurie und Pfalzgraf Ruprecht II., dessen Enkel Ruprecht von Berg ja war, zunächst abkühlte. Aus seiner Zeit als Pfalzgraf sind keine maßgeblichen päpstlichen Gnadenerweise für die Universität überliefert, wie es später bspw. durch die von Ruprecht III. erwirkten Bonifatiuspfründen gelang; vgl. zu den ‚Bonifatiuspfründen' die Karten im Katalog Heidelberg und der Heilige Stuhl, S. 26–31.

Marsilius von Inghen und die Gründung der Heidelberger Universität 45

mit Blick auf den damals amtierenden Rektor Berthold Suderdick aus Osnabrück ‚zornbebend' notierte[155]. Vielen fiel es sicher leicht zu gehen, weil die Umstände durch Pest und Kriege im kurpfälzischen Umland um 1388[156] ungünstig waren. Dabei ist aber zu berücksichtigen, dass im nördlicheren Rheinland die Pest ebenfalls in den darauffolgenden Jahren ihre Opfer forderte. So starb bspw. Engelbert III. von der Mark 1391 ebenso an der Pest wie Annas aufstrebender Sohn Ruprecht von Berg drei Jahre später[157].

Es darf als Grund für die Abwanderung von Heidelberg nach Köln nicht vergessen werden, dass die zu einem großen Teil aus dem Rheinland bzw. der Kölner Kirchenprovinz stammenden Studenten und auch die Lehrenden ihre Pfründen in erster Linie durch das päpstliche Residenzprivileg an einem anderen Ort nutzen durften. Dieses Privileg erschien natürlich in einem etwas anderen Licht, wenn es zuhause im

---

[155] MIETHKE, Marsilius von Inghen als Rektor (1986), S. 118.
[156] Matrikel Toepke 1, S. 34: „Am Rande von derselben Hand, nämlich von der des Marsilius von Inghen (von diesem rühren überhaupt sämmtliche Aufzeichnungen auf Fol. 24 her; er hat sie zu gleicher Zeit gemacht, nach Schluss des folgenden Rectorates, also nach dem 24. März 1389): *Attende hic recessum rectoris propter epydemiam et guerras et fere omnium scolarium et erectionem studij Coloniensis*" (s.u. „Bild- und Schriftzeugnisse", Nr. 15). In der Abschrift des Rotulus von 1389 heißt es: *Item cum anno proxime elapso propter surrecciones et insolencias, lites ac discordias civitatum Almannie adversus principes, clerum et miliciam et nulli ad dictum studium tutus patuit accessus simulque ob fugam pestilencie sive mortalitatis tunc in opido Heydelbergensi vigentis longo tempore presentes scolares recedere compellebantur*, [...] (AUH 1, Nr. 2, S. 13); vgl. zur Pest in Heidelberg auch Rosemarie JANSEN/Helmut JANSEN, Die Pest in Heidelberg, in: Semper apertus. Sechshundert Jahre Ruprecht-Karls-Universität Heidelberg 1386 bis 1986, Band 1: Mittelalter und Frühe Neuzeit 1386–1803, hg. von Wilhelm DOERR, Berlin/Heidelberg/New York/Tokyo 1985, S. 371–386, hier S. 375 und zuletzt Maike ROTZOLL, Closed but open – Universität in Seuchenzeiten (Freundeskreis für Archiv und Museum der Universität Heidelberg e. V., Neujahrsblatt 2021) [Heidelberg 2021].
[157] JAKOBI, Ruprecht von Berg, S. 288; s.u. S. 60 mit Anm. 214.

Umfeld der heimatlichen Pfründe nun ebenfalls eine urbanistisch privilegierte Universität gab, sodass ein Fernbleiben zu Studienzwecken nicht mehr zwingend notwendig war. Außerdem war Köln als Standort natürlich wesentlich attraktiver als das kleine, provinziell anmutende Heidelberg und damit eher Pariser Verhältnissen vergleichbar. Das wusste auch Marsilius, der selbst einige Pfründen in Köln innehatte und diese bis zu seinem Tod behielt (s.o.). Dennoch bewahrte der gut dotierte Gründungsrektor dem kurfürstlichen Hof auch in dieser veritablen Existenzkrise der neu gegründeten Universität die Treue.

Die finanzielle Lage der Universität stellte sich zu Lebzeiten Ruprechts I., also bis 1390, weitgehend so dar, dass sie abgesehen von der Erleichterung durch das jeweils auf 5 Jahre ausgestellte Residenzprivileg eines Pfründeninhabers überwiegend aus der Schatulle des Kurfürsten selbst existierte. Allenfalls die Pfründen, welche die Inrotulierten möglicherweise durch die ersten Rotuli erhalten hatten, konnten die Situation verbessern[158].

Neue Finanzierungsgrundlagen erschloss nach dem 1390 erfolgten Tod Ruprechts I. sein Nachfolger, der zu diesem Zeitpunkt bereits 65-jährige Ruprecht II.[159] Und auch dieses Unterfangen ist als krisenhaftes Ereignis in die Geschichte der Heidelberger Universität eingegangen und soll hier nicht verschwiegen werden. Nach dem Tod Ruprechts I. im Februar 1390 und des ersten Heidelberger Kanzlers, Konrads von Gelnhausen, im April desselben Jahres kam es innerhalb weniger Monate im September/Oktober 1390 zur Vertreibung der Heidelberger Juden[160]. All dies, den Tod seines kurfürstlichen Gönners

---

[158] Vgl. SCHMUTZ, Die Supplikenrotuli, passim.

[159] Hans RALL/Marga RALL, Die Wittelsbacher in Lebensbildern, München 2005, S. 184.

[160] Vgl. Franz-Josef ZIWES, Studien zur Geschichte der Juden im mittleren Rheingebiet während des hohen und späten Mittelalters, Hannover 1995, S. 252–255; Franz-Josef ZIWES, Die Juden im mittelalterlichen Heidelberg, in: Geschichte der Juden in Heidelberg mit Beiträgen von Andreas CSER et al., Heidelberg 1996, S. 15–41, hier S. 36–41; Jürgen MIETHKE, The University of Heidelberg and the Jews. Founding and financing the needs of a New University, in: Crossing Boundaries at Medieval Universities, ed. Spencer Young (Education and Society in the Middle Ages and

Marsilius von Inghen und die Gründung der Heidelberger Universität 47

und des ersten Kanzlers der Universität, erlebte Marsilius nicht mit, da er Ende November 1389 im Zuge der zweiten Rotulusgesandtschaft nach Rom aufgebrochen war[161]. Er kehrte wahrscheinlich erst Anfang Oktober 1390 nach Heidelberg zurück, denn er wird erstmalig wieder am 10. Oktober anlässlich seiner erneuten Rektorwahl an der Universität greifbar[162]. Auf Wunsch Ruprechts II. und seines Sohnes Ruprechts des Jüngeren weihte der Bischof von Worms am 25. Dezember 1390 die Synagoge der vertriebenen Juden zu einer christlichen Kapelle mit Altären, in die viele Reliquien gelegt wurden[163]. Anwesend waren dabei neben Konrad von Soltau und Hermann von Höxter auch Johannes van de Noet und Marsilius von Inghen, der zu diesem Zeit-

Renaissance 36), Leiden/Boston 2011, S. 317–340, online-Fassung URL: https://archiv.ub.uni-heidelberg.de/volltextserver/11527/1/Miethke_CrossingBoundaries2011.pdf, S. 1–23, hier S. 17f.; Johannes HEIL, Juden unter kurpfälzischer Herrschaft, in: Die Wittelsbacher und die Kurpfalz im Mittelalter. Eine Erfolgsgeschichte?, hg. von Jörg PELTZER/Bernd SCHNEIDMÜLLER/Stefan WEINFURTER, Regensburg 2013, S. 281–293, hier S. 289–292.

[161] Der Rotulus wurde vor dem 19. November 1389 erstellt, und die Abreise der Gesandtschaft erfolgte nach dem 27. November 1389, da Marsilius an jenem Tag noch Rechenschaft über sein im Oktober beendetes Rektorat ablegte (AUH 1, Nr. 2 und 446; THORBECKE, Die älteste Zeit, S. 20*).

[162] AUH 1, Nr. 121. Marsilius wird erst kurz zuvor von der Romreise zurückgekehrt sein, denn am 5. November bestimmte man in einer Versammlung, dass die Universität die Kerzen anlässlich der Totenmesse für den bei der Rückreise aus Rom verstorbenen Scholaren Tymarus Tymanni stellen solle. Auch über die Seelenmessen für Ruprecht I. und Konrad von Gelnhausen wurde bei dieser Versammlung beraten, was ebenfalls dafür spricht, dass man auf die Rückkehr von Marsilius gewartet hatte, um diese Dinge zu regeln (AUH 1, Nr. 125).

[163] AUH 1, Nr. 1; UB Winkelmann 2, Nr. 55 (bei Winkelmann durch die Übernahme der Original-Jahresangabe mit falscher Datierung ins Jahr 1391 – dem Weihnachtsstil folgend hatte für den mittelalterlichen Schreiber bereits das neue Jahr begonnen, sodass aus heutiger Sicht 1390 anzusetzen ist).

punkt aber nicht mehr als Rektor fungierte[164]. Im Mai des darauffolgenden Jahres 1391 schenkte Ruprecht II. schließlich die Häuser der vertriebenen Juden der Universität[165], die noch ein Jahr zuvor auf Anraten Ruprechts III. aus Mitteln der testamentarischen Stiftung des ersten Kanzlers Konrad von Gelnhausen vom 14. Mai 1390 an ganz anderer Stelle, nämlich vor den Stadtmauern, am 28. Juni mit Baumaßnahmen begonnen hatte. Nach der Vertreibung der Juden beschloss eine Versammlung der Universität bereits am 2. November 1390, den Hausbau außerhalb der Stadtmauern einzustellen, die unverbrauchten Stiftungsgelder für regelmäßige Einkünfte der Kollegiaten und den Verkaufserlös des nicht wesentlich über die Fundamente hinausgekommenen Neubaus für Reparaturen an den offenbar nun erwarteten ehemaligen Judenhäusern zu verwenden, aus denen ein Universitätskollegium gebildet werden sollte[166].

Dieser als Startpunkt territorialer Judenvertreibungen im deutschen Südwesten geltende Vorgang hatte interessanterweise einige Parallelen. So begannen Judenverfolgungen im Reich ausgerechnet zu Beginn des Jahres 1390 in Passau[167], wo Ruprecht von Berg noch mit der Hilfe König Wenzels seine Stellung zu behaupten suchte, und fügten sich damit zu der zweiten Judenschuldentilgung Wenzels vom 16. September 1390. Genau einen Monat später hatte sich Ruprecht II. mit Abgesandten Wenzels und des französischen Königs – der seit 1385

---

[164] Marsilius hat sein am 10. Oktober begonnenes Rektorat am 18. Dezember 1390 beendet (AUH 1, Nr. 128). Zu der von ihm dabei rückblickend angefertigten Notiz s.u. S. 69 mit Anm. 255.
[165] Universitätsbibliothek Heidelberg, Urk. Lehmann 45 (URL: https://digi.ub.uni-heidelberg.de/diglit/lehm45); Edition: UB Winkelmann 1, Nr. 30; UB Winkelmann 2, Nr. 53 und 54; AUH 1, Nr. 57.
[166] AUH 1, Nr. 124 und 446; UB Winkelmann 1, Nr. 28 und 30; vgl. Ingo RUNDE, Konrad von Gelnhausen – erster Kanzler und Mäzen der Universität Heidelberg, in: Gelnhäuser Geschichtsblätter 2014/15, S. 54–76, hier S. 67–70.
[167] Vgl. Wolfgang Maria SCHMID, Zur Geschichte der Juden in Passau, in: Zeitschrift für die Geschichte der Juden in Deutschland 1 (1929), S. 119–135, hier S. 124 mit einer Nachricht über gefangengesetzte Juden im Februar 1390.

Marsilius von Inghen und die Gründung der Heidelberger Universität 49

mit Isabeau von Bayern verheiratet war – in Heidelberg getroffen[168]. In diesem Zeitraum von September/Oktober 1390 kam es zu der Vertreibung der Heidelberger Juden. Dass die Universität von dieser Vertreibung profitierte, ist sicherlich als eine der großen krisenhaften Ereignisse der Universitätsgeschichte zu werten und wirft auch einen Schatten auf Marsilius von Inghen, welcher seit dem 10. Oktober 1390 sein 6. Rektorat ausübte, möglicherweise aber zum Zeitpunkt der Vertreibung als Rotulusgesandter seit fast einem Jahr nicht vor Ort war[169]. Die hier beschriebenen Parallelen zu Judenverfolgungen andernorts, wie z.B. in Passau, die Nähe Ruprechts von Berg und Ruprechts II. zu Wenzel, der schließlich wichtige Personen und hohe Räte nach Heidelberg sandte, nachdem er im September die zweite Judenschuldentilgung verfügt hatte, all dies offenbart einmal mehr ein weitverzweigtes Beziehungsnetz auch verwandtschaftlicher Natur, das die Pfalzgrafen in Heidelberg mit dem Haus Berg am Niederrhein und darüber hinaus mit Passau und König Wenzel verband. In diesem Fall führten diese Verbindungen zu einem Tiefpunkt in der Geschichte der Stadt und ihrer Universität.

Die nächste Krise erwuchs der jungen Universität noch zu Lebzeiten ihres Gründungsrektors durch den zweiten, nun erfolgreichen Gründungsanlauf der Universität Erfurt im Jahr 1392. Hierdurch verlor Heidelberg ein prominentes Universitätsmitglied, und zwar Konrad von Soltau[170], der zugleich Konrad von Dryburg mitnahm, den ersten 1390 an der Heidelberger Universität zum *decretorum doctor* Promovierten[171]. Letzterer wurde eine zentrale Figur der Universität Erfurt und trug sich 1392 nach dem Rektor an zweiter Stelle in die

---

[168] AUH 1, Nr. 123.
[169] S.o. S. 47 mit Anm. 161f.
[170] Vgl. zur Causa Konrad von Soltau Gustav TOEPKE, Die Harzer und deren Nachbarn auf der Universität Heidelberg in den Jahren 1386–1662, in: Zeitschrift des Harz-Vereins für Geschichte und Altertumskunde 13 (1880), S. 139–189, hier Anm. 1 auf S. 140–144.
[171] Vgl. zu der Bedeutung Conrads von Dryburg und Konrads von Soltau für Erfurt Robert GRAMSCH, Erfurt – Die älteste Hochschule Deutschlands. Vom Generalstudium zur Universität (Schriften des Vereins für die Geschichte und Altertumskunde von Erfurt 9), Erfurt 2012, S. 76–84.

dortige Matrikel ein[172]. Dort nahm er hinfort eine hervorragende Stellung ein und gilt als derjenige, welcher gemeinsam mit Konrad von Soltau das Privileg für die Erfurter Gründung von Papst Urban erwirkt hat[173]. Er fungierte auch als Vertreter einer westfälischen Gruppe, welche die Geschicke jener Universität später maßgeblich prägen sollte. Als ein weiteres Schwergewicht galt an der Universität Erfurt Amplonius de Berka, ein Mediziner aus Rheinberg, der dort Begründer einer Rheinberger Gruppe wurde[174]. All dies bedeutete für Heidelberg eine ernstzunehmende Konkurrenz, welche ausgerechnet auch noch neben der Kölner Gründung weitere Klientel aus der Kölner Kirchenprovinz anzog. Sicherlich ernüchternd für Marsilius war vor allem, dass Kardinallegat Philipp Alençon, welcher auf seiner Legationsreise von Wien nach Erfurt über Heidelberg gereist war und mit dem er noch über die Nichtanerkennung von in Paris getätigten Abschlüssen verhandelt hatte, nun eine weitere Konkurrenzuniversität förderte[175].

Zu untersuchen wäre hier, ob diese neuerlichen Abwanderungen aus Heidelberg zu dem Entschluss des Pfalzgrafen geführt haben, die Attraktivität der kleinen Stadt ggfs. durch die 1392 in die Wege geleitete Stadterweiterung zu steigern. Die Bergheimer Bürger wurden dabei gezwungen, sich in Heidelberg längs der Plöck anzusiedeln; die Stadt konnte so in Richtung Bergheim erweitert werden[176]. Parallele Stadterweiterungen (wie bspw. auch in Hirschhorn am Neckar 1391) finden sich zeitgleich einmal mehr auch im Rheinland, und zwar in Düsseldorf, das Wilhelm II. in genau jenen Jahren mit umfangreichen städtebaulichen Maßnahmen zu seiner Residenzstadt ausbaute[177], sowie in Xanten, wo es nach dem berühmten zwischen dem Kölner Erzbischof und dem Klever Grafen ausgehandelten Burgfrieden von 1392

---

[172] Ebd., S. 77.
[173] Ebd. S. 80 und 82.
[174] Ebd. S. 84.
[175] Vgl. ebd., S. 79 und s.o. S. 17 mit Anm. 42.
[176] Armin SCHLECHTER, Vom frühen Mittelalter bis zum 19. Jahrhundert, in: 1250 Jahre Bergheim 769–2019, hg. von Jo-Hannes BAUER/Hans-Martin MUMM, Heidelberg 2019, S. 25–29, hier S. 26f.
[177] Vgl. mit Literatur KOLODZIEJ, Herzog Wilhelm I., S. 77–81.

Marsilius von Inghen und die Gründung der Heidelberger Universität 51

zu einem Kondominat gekommen war[178], ähnlich demjenigen von Ladenburg im Jahr 1385[179]. Auch hier gibt es wiederum Bezüge ins Rheinland, in das direkte Umfeld Annas von Pfalz/Bayern und Wilhelms von Berg sowie in das Wirkungsfeld von Marsilius' Freund Hugo von Hervorst, welcher inzwischen Xantener Propst und enger Vertrauter des Kölner Erzbischofs Friedrich von Saarwerden geworden war. Diesen hier nur angerissenen möglichen Wechselwirkungen müsste in eigenen Studien eingehender nachgegangen werden.

Die Karriere eines alten Weggefährten aus der Zeit an der Pariser Universität: Hugo von Hervorst und seine Ämter im Kölner Erzbistum

An dieser Stelle bietet sich ein Rückblick auf den Lebensweg Hugos von Hervorst ab 1386 an. Im September 1386, also kurz nachdem die Position von Marsilius in Heidelberg per Vertrag gefestigt worden war, wurde sein ehemaliger Wegbegleiter von Papst Urban VI. mit einer Propstei am Niederrhein providiert, und zwar derjenigen von Xanten. Die Klever Grafen, erklärte Anhänger Clemens' VII., legten dagegen Einspruch ein, weshalb das Kapitel, das sich zwar offiziell der römischen Oboedienz unterstellt hatte, es nicht wagte, diesen zur Propstei zu admittieren[180]. Hugo von Hervorst kam erst 1388 in den Besitz der Propstei und ist seitdem in den erzbischöflichen Urkunden in verschiedenen Funktionen präsent. Bereits 1389 erscheint er als Propst von Xanten und Archidiakon *in ecclesia Coloniensis*, wobei er als Sonderbeauftragter des Kardinalbischofs Philipp von Alençon dem

---

[178] HAWICKS, Xanten im späten Mittelalter, S. 440–465.
[179] Meinrad SCHAAB, Geschichte der Kurpfalz, Band 1: Mittelalter, Stuttgart 1988, S. 109.
[180] Wilhelm CLASSEN, Das Erzbistum Köln, Band 1, 1. Teil: Archidiakonat von Xanten (Germania sacra, Abteilung 3), Berlin 1938, S. 8f.; zum Oboedienzstreit im spätmittelalterlichen Xanten HAWICKS, Xanten im späten Mittelalter, S. 410f.; s.o. S. 21.

Kölner Erzbischof auftrug, gemäß dessen Weisung ein vakantes Kapellenrektorat einem Kleriker zu übertragen[181]. Offensichtlich hatte Hugo von Hervorst in den Jahren zwischen 1379 und 1386 die Nähe zur Kurie bzw. zum Kardinallegaten gesucht. Im Jahr 1391 wird er nicht nur als Xantener Propst, sondern auch als päpstlicher Notar bezeichnet[182]. Seit 1390 war er auch Kölner Generalvikar, und im Jahr 1391 hatte er darüber hinaus ein Kanonikat im Bonner Cassius-Stift inne[183], wo Philipp von Alençon seit 1390 Propst war[184]. Philipp von Alençon verzichtete 1391 auf sein Bonner Kanonikat und Hugo von Hervorst wurde sein Propstvertreter. Seine Verbindung zu dem Kardinalbischof und Legaten Urbans VI. scheint ihm den Weg nach Bonn und zu hohen Würden in der Kölner Kirche geebnet zu haben.

Ob Philipp von Alençon an der Kurie auch Kontakt zu Ruprecht von Berg hatte, ist jedoch ebenso wenig zu belegen wie die theoretische Möglichkeit, dass sich Marsilius und Hugo anlässlich von dessen Rotulus-Gesandtschaft 1389 in Rom getroffen haben könnten – auszuschließen ist beides aber auch nicht. Sicher ist, dass sich zumindest von Amts wegen die Wege von Marsilius und Hugo nach ihrer gemeinsamen Zeit in Paris wieder am Rhein, namentlich in Bonn trafen, denn Marsilius hat sein Bonner Kanonikat sowie auch andere Kölner Würden bis zu seinem Tod nicht aufgegeben.

Hugo von Hervorst war beteiligt, als es im Mai 1392 nach den Auseinandersetzungen zwischen dem Kölner Erzbischof und dem Grafen von Kleve, die im Rahmen der oben erwähnten Fehden um Linn und

---

[181] REK 9, Nr. 1854. Interessanterweise ist dieses inserierte Mandat, das sich auch an den Propst von Xanten und den Dekan von Bonn richtet, in Worms gegeben worden, welches sich im Einflussbereich von Pfalzgraf Ruprecht befand.
[182] [Die] Regesten der Erzbischöfe von Köln im Mittelalter (REK), Bd. 10: 1391–1400 (Friedrich von Saarwerden), bearb. von Norbert ANDERNACH, Düsseldorf 1987, Nr. 68.
[183] HÖROLDT, Das Stift St. Cassius, S. 247.
[184] Ebd., S. 209.

Marsilius von Inghen und die Gründung der Heidelberger Universität 53

Xanten geführt worden waren, zu einer Sühne kam[185]. Und im selben Jahr trat eine Personenkonstellation zusammen, die noch einmal die bisher umrissenen Beziehungen unterstreicht. Am 12. Juli 1392 trafen sich in Bonn Erzbischof Friedrich von Saarwerden, der Kölner Domdekan, Vertreter des Domkapitels sowie Hugo von Hervorst als päpstlicher Protonotar, Vizepropst und Archidiakon von Bonn, um auf Bitten von Herzog Wilhelm von Jülich und seiner Gattin Anna von Pfalz/ Bayern die Kollegiatkirche Düsseldorf zu einem Stift zu erheben[186]. An beiden sehr umfangreichen Urkunden wird einmal mehr deutlich, dass das Berger Herzogspaar mit Vertretern des Bonner Cassius-Stiftes, namentlich mit Hugo, dem Weggefährten des Marsilius von Inghen, ein für sie wichtiges Familienprojekt ins Werk setzte – die Gründung eines Stiftes und einer neuen Grablege in Düsseldorf. Hintergrund war der um 1386 vollzogene Schritt des Herzogspaares, seine Residenz von seiner Burg an der Wupper an den Rhein zu verlegen[187]. In den folgenden Jahren ließen sie Düsseldorf – wie oben bereits angedeutet – mit gezielten Förderungen und Stadterweiterungsmaßnahmen zur Residenzstadt ausbauen. Eine Stiftsgründung war dafür ein

[185] REK 10, Nrr. 173f., 207; Kleve-Mark Urkunden: 1368–1394. Regesten des Bestandes Kleve-Mark Urkunden im nordrhein-westfälischen Hauptstaatsarchiv in Düsseldorf, bearb. von Wolf-Rüdiger SCHLEIDGEN (Veröffentlichungen der staatlichen Archive des Landes Nordrhein-Westfalen: Reihe C, Quellen und Forschungen 23), Siegburg 1986, Nr. 273; UB Lacomblet 3, Nr. 968; vgl. HAWICKS, „Wie die drei Jünglinge im Feuerofen", S. 103–112; HAWICKS, Xanten im späten Mittelalter, S. 440–450.
[186] REK 10, Nr. 265 und 266.
[187] KOLODZIEJ, Herzog Wilhelm I., S. 76f. Eine zusätzliche Überlegung zur Motivation der Residenz-Verlegung wäre, dass es die Lage am Rhein besser ermöglichte, Reisen per Schiff anzutreten, bspw. in Richtung des Rhein-Neckar-Gebietes, wohin die Herzogstochter Beatrix gerade im Jahr 1385 als Gattin Ruprechts I. verheiratet worden war. Auch für ihren Bruder Ruprecht von Berg mit seinen weitgespannten Kontakten nach Rom und später Passau war hier eine günstigere verkehrstechnische Ausgangslage geschaffen.

opportunes Mittel und sollte als Memorialort für die Ahnen des Herzogspaares dienen[188]. An diesem Beispiel des Jahres 1392 wird deutlich, dass das Berger Herzogspaar auf bewährte Personennetzwerke zurückgriff, wenn es um wichtige und prestigeträchtige Familienprojekte ging.

Der Kaiserswerther Zoll als wichtige Finanzierungsgrundlage der Heidelberger Universität

In der Nachbarschaft der neuen Residenzstadt Düsseldorf befand sich Kaiserswerth, das für Wilhelm von Jülich und Anna von Berg ebenfalls eine bedeutende Rolle spielte. Auch hier kommt wieder die rheinische Pfalzgrafschaft ins Spiel. Nachdem Wilhelm und Anna um 1360 den Ehebund geschlossen hatten, verpfändeten sie das von Wilhelms Vater Gerhard ererbte Kaiserswerth mit Urkunde vom 15. Dezember 1368 für 57.593 ½ Goldfloren an Annas Vater, Ruprecht II. von der Pfalz[189]. Karl IV. bestätigte mit Urkunde vom 17. September 1370 jene Verpfändung, welche die *Veste Kaiserswerth, Burg und Stadt, mit dem Zoll, Vogtei und Gerichten daselbst, mit Burgmannen, Burgmannschaften [...] mit dem Bauhof und Acker, mit den Inseln die im Rhein liegen, mit der Mühle bei Kaiserswerth gelegen, mit dem Wald, den man nennt in dem app [...] und mit allem anderen Zubehör* umfasste[190]. Insofern war Kaiserswerth 1386, als sich Wilhelm und Anna in das verkehrsgünstig am Rhein gelegene Düsseldorf begaben, seit gut 15 Jahren in kurpfälzischem Besitz.

Interessanterweise taucht der Kaiserwerther Zoll im Jahre 1393 im Zusammenhang mit der Heidelberger Universität wieder auf. In jenem Jahr verschrieb Kurfürst Ruprecht II. der Universität im Juni zwei

---

[188] Ebd., S. 79f.
[189] Jochen SCHOTTMANN, Der Prozess um Kaiserswerth und den dortigen Rheinzoll vor dem Reichskammergericht 1596–1767, in: Düsseldorfer Jahrbuch Bd. 74 (2003), S. 105–178, hier S. 117.
[190] RPR 1, Nr. 5072f.; SCHOTTMANN, Der Prozess, S. 118 und 120.

Turnosen am Zoll zu Bacharach und Kaiserswerth[191], sodass der Ertrag zur Besoldung der Lehrer der Heiligen Schrift, im geistlichen Recht und der Arznei, also den oberen Fakultäten Theologie, Jura und Medizin, verwendet werden sollte[192]. Es ist bezeichnend, dass auf der Rückseite einer Urkunde aus dem Jahr 1390 über den Ersatz der Jubiläumswallfahrt Ruprechts II. nach Rom von einer Hand des 14./15. Jhs. vermerkt ist, dass sie inhaltlich mit den Zöllen in Bacharach und Kaiserswerth in Zusammenhang stünde und *inter res magistri Marsilii reperta est*[193]. Hier ergibt sich immerhin ein Hinweis darauf, dass Ruprecht II. und der vom Rhein kommende Marsilius in der Angelegenheit der Rheinzölle um 1390, offenbar vor der Rotulus-Delegation nach Rom vom Herbst 1389, gemeinsame Überlegungen zu deren Nutzbarmachung für die Universität angestellt hatten.

Warum wurden diese Überlegungen erst nach dem Tod des hochbetagten Ruprecht I., welcher im Februar 1390 gestorben war, getätigt und umgesetzt? Ein Grund liegt sicherlich darin, dass der Rheinzoll durch Wilhelm von Berg an seinen Schwiegervater Ruprecht II., den nunmehrigen Pfalzgrafen und Kurfürsten, und nicht an Ruprecht I. verpfändet worden war. Zudem war Ruprecht II. in Heidelberg inzwischen der nächste männliche Verwandte der Witwe Ruprechts I., die ja eine Tochter Wilhelms und damit seine eigene Enkelin war (s.o. Tafel S. 27). Weiter stellte sich nach dem Ableben Ruprechts I., welcher viele Ausgaben betreffend die Universität aus seiner Schatulle beglichen hatte, die Frage, wie die Finanzierung unter Ruprecht II. weitergehen sollte. Dabei ist zu bedenken, dass das auf fünf Jahre angelegte Residenzprivileg von 1387 zumindest für diejenigen, die es zu diesem Zeitpunkt in Anspruch genommen hatten, 1392 auslief und daher neue Finanzierungswege gefunden werden mussten[194].

---

[191] Diese zwei Turnosen hatte er mit 2.000 Gulden des Geldes ausgelöst, welches er der Universität nach der erlassenen Jubiläumsfahrt nach Rom zugewandt hatte; UB Winkelmann 2, Nr. 59 und dazu Nr. 50 sowie UB Winkelmann 1, Nr. 29.
[192] UB Winkelmann 2, Nr. 59 und UB Winkelmann 1, Nr. 32.
[193] UB Winkelmann 1, Nr. 29 von August 1390.
[194] Die Laufzeit war für jeden Einzelnen individuell auf fünf Jahre begrenzt, doch sehr viele Gründungsmitglieder der Universität dürften 1387 davon

Der vielleicht gewichtigste Grund lag aber darin, dass die überwiegenden Zolleinnahmen aus Kaiserswerth bisher Graf Engelbert von der Mark, dem Gatten von Wilhelms Tante Richardis, zugeflossen waren, dem sie einst von Wilhelm V. von Jülich zugesprochen worden waren. Ruprecht II. hatte sich bei der Verpfändung des Jahres 1368 durch seine Tochter Anna und ihren Gatten Wilhelm von Berg dazu verpflichtet, diese Verbindlichkeiten zu übernehmen[195]. Als Engelbert von der Mark inmitten der großen Fehde zwischen Kleve-Mark und Kurköln[196] starb, war die Frage des Kaiserswerther Zolls insofern offen, als Engelberts Tochter Margarete aus erster Ehe gemäß ihrem Heiratsvertrag quasi einem Erbverzicht zugestimmt hatte[197]; auch hatte Wilhelm von Berg angeblich die Ansprüche von Margarete käuflich erworben[198]. Die Witwe Engelberts, Stiefmutter Margaretes, heiratete nun Ende August 1392 in Alzey den gemäß Primogeniturgesetz zum Nachfolger der Pfälzer Ruprechte bestimmten Ruprecht Pipan, Sohn Ruprechts III.[199]. Es ist bezeichnend, dass danach 1393 die Überschreibung der Kaiserswerther Zolleinnahme an die Universität Heidelberg durch Ruprecht II. erfolgte. Diese Zusammenhänge der kurpfälzischen Heiratspolitik mit den Vorgängen am Rhein waren mit Sicherheit maßgeblich für den Zeitpunkt dieser reichhaltigen Zuwendung an die Universität und belegen erneut, wie vielfältig die Verflechtungen zwischen dem Haus Berg und der Kurpfalz am Ende des 14. Jhs. waren.

Die Hochzeit mit der Erbin von Sponheim und Vianden war in doppelter Hinsicht ein gelungener Coup, war ihr Großvater doch mit Ruprecht I. verfeindet gewesen und 1370 in eine Fehde um das von den Sponheimern besetzte Ladenburg geraten, welche die Kurpfälzer

---

profitiert haben und hatten daher 1392 ggfs. ein Problem damit, eine Anschlussfinanzierung zu erhalten, sollten sie diese nicht inzwischen über einen Universitätsrotulus bekommen haben.
[195] SCHOTTMANN, Der Prozess, S. 119.
[196] Vgl. HAWICKS, Xanten im späten Mittelalter, S. 437.
[197] KOLODZIEJ, Herzog Wilhelm I., S. 236.
[198] SCHOTTMANN, Der Prozess, 119.
[199] RPR 1, Nr. 5442–5445.

mit Hilfe von Rittern aus dem linksrheinischen Gebiet für sich entscheiden konnten. In der Folge wurde im als Bischofssitz wichtigen Ladenburg nach einem Burgfrieden „formell durch Verpfändung einer Hälfte der Stadt ein Kondominat errichtet, wovon lediglich der Bischofshof ausgenommen war. Praktisch war Ladenburg damit dem Einfluss der überlegenen Pfalz unterworfen"[200]. Dies war genau das Vorgehen, welches auch 1392 nach Abschluss der klevisch-kölnischen Fehde unter Mitwirkung von Hugo von Hervorst in Xanten praktiziert wurde[201]. Mit der Hochzeit von Elisabeth von Sponheim und Ruprecht Pipan im selben Jahr brachte die Kurpfalz langfristig Teile des Sponheimer Erbes an sich, da die dankbare Schwägerin Ruprechts III. bei ihrem Tod die Kurpfalz testamentarisch damit bedachte[202].

Die Rheinzölle, auch derjenige aus Kaiserswerth, blieben seit den Bestimmungen Ruprechts II. von 1393 bis zum Ende des Alten Reiches eine Finanzierungssäule der Heidelberger Universität; sie werden noch bis zum Übergang der Kurpfalz an Baden Anfang des 19. Jhs. erwähnt[203]. Allerdings legte der indirekte Zugriff der Pfälzer den Keim für Feindseligkeiten am Niederrhein, welche letztlich zu der Entscheidungsschlacht von Kleverhamm im Jahr 1397 führten, die zur verheerenden Niederlage für Wilhelm von Berg wurde und dessen Inhaftierung sowie sogar seine Entmachtung durch die eigenen Söhne mit sich brachte – was letztlich zum Scheitern der Vorherrschaft des

---

[200] SCHAAB, Geschichte der Kurpfalz 1, S. 109.
[201] REK 10, Nr. 207; HAWICKS, Xanten im späten Mittelalter, S. 440–450.
[202] RPR 1, Nr. 5442.
[203] Im Universitätsarchiv Heidelberg findet sich der Bedeutung entsprechend eine ganze Reihe von Unterlagen zu den Zolleinnahmen in Kaiserswerth, darunter RA 5147 „Amtsbuch der Collectoren der Stipendiaten der Zölle in Kaiserswerth und Bacharach und der Präbenden in Neustadt 1423–1557", RA 4974 „Rheinzoll in Kaiserswerth 1795–1805" und RA 4975 „Rheinzölle in Bacharach und Kaiserswerth 1657–1803"; vgl. auch Gerhard MERKEL, Wirtschaftsgeschichte der Universität Heidelberg im 18. Jahrhundert (Veröffentlichungen der Kommission für geschichtliche Landeskunde in Baden-Württemberg: Reihe B, Forschungen 73), Stuttgart 1973, S. 153–173.

Hauses Berg zugunsten einer Klever Vormacht am Niederrhein führte[204]. Wilhelm von Berg wurde erst durch Vermittlung seiner Gattin und das Eingreifen von deren Bruder Ruprecht III. wieder befreit und rehabilitiert[205].

Als Casus Belli für die Katastrophe von Kleverhamm wurde von den Chronisten immer wieder die seit langem umstrittene Kaiserswerther Zollrente ins Feld geführt[206]. Die Verwendung der Rheinzölle blieb auch in der Folgezeit umstritten, wie neben dem äußerst langwierigen Prozess um den Kaiserswerther Rheinzoll vor dem Reichskammergericht[207] auch der Streit um die Erhebung des Rheinzolls in Bacharach zeigt[208].

Es bleibt aber festzuhalten, dass ohne die Präsenz der Wittelsbacher am Rhein und deren Vernetzungen sowie die Fundierungsbemühungen eines Marsilius von Inghen diese über Jahrhunderte währende Nutzung des Kaiserswerther Rheinzolls für die von ihm grundgelegte

---

[204] Vgl. Hawicks, Xanten im späten Mittelalter, S. 476f.; Ernst von SCHAUMBURG, Die Schlacht im Cleverhamm, den 7. Juni 1397, in: Annalen des Historischen Vereins für den Niederrhein 9/10 (1861), S. 81–106. In der Folge kam es 1399 zur Eheschließung von Ruprechts III. Tochter Agnes mit Adolf von Kleve und den damit verbundenen Vereinbarungen bezüglich des Kaiserswerther Zolls; RPR 1, Nr. 5983–5998; SCHOTTMANN, Der Prozess, S. 120f.; Hawicks Xanten im späten Mittelalter, S. 490f.

[205] KOLODZIEJ, Herzog Wilhelm I., S. 304–322.

[206] Ob sie jedoch nur ein auslösendes Moment in dem sich am Niederrhein zuspitzenden Machtkampf der konkurrierenden Häuser darstellte, wird in der Forschung diskutiert; vgl. ebd., S. 251.

[207] Vgl. SCHOTTMANN, Der Prozess, passim.

[208] Vgl. zum Streit um den Bacharacher Rheinzoll zur Zeit Ludwigs III. das Gutachten des Winand von Steeg, das sich gegen die Einnahme des Zolls durch den Pfalzgrafen richtete; Aloys SCHMIDT/Hermann HEIMPEL, Winand von Steeg (1371–1453), ein mittelrheinischer Gelehrter und Künstler und die Bilderhandschrift über Zollfreiheit des Bacharacher Pfarrweins auf dem Rhein aus dem Jahr 1426 (Handschrift 12 des Bayerischen Geheimen Hausarchivs zu München) (Abhandlungen / Bayerische Akademie der Wissenschaften, Philosophisch-Historische Klasse, N.F. 81), München 1977.

Universität Heidelberg nicht möglich gewesen wäre, sodass auch dieser Themenkomplex der Rheinzölle einmal mehr eindrücklich auf die engen Verschränkungen zwischen Heidelberg und den Rheinlanden verweist, die Marsilius mitbegründet hatte.

Letzte Jahre und Tod in Heidelberg

Eine für Marsilius entscheidende Ära endete mit dem Tod des von ihm zeitlebens verteidigten Papstes Urban VI. im Oktober 1389. Gleich danach trat er im Rahmen einer Rotulusgesandtschaft nach dem 27. November 1389[209] seine Romreise zu dessen Nachfolger Bonifaz IX. an. Ob er seinen Förderer Ruprecht I., der ihn in die Kurpfalz berufen hatte, noch lebend wiedersah, ist höchst unwahrscheinlich. Die nächste Erwähnung von Marsilius in Heidelberg stammt vom 10. Oktober 1390 anlässlich seiner Wiederwahl zum Rektor[210]. Ruprecht I. starb hochbetagt am 17. Februar 1390[211]; über eine Gedenkfeier für ihn befand man in der Universität Anfang November 1390[212], was darauf hinweisen könnte, dass man damit möglicherweise bis zur Rückkehr von Marsilius gewartet hatte.

Sein Nachfolger wurde der ebenfalls schon im Alter vorgerückte Ruprecht II., der Großvater der verwitweten jungen Kurfürstin Beatrix (s.o. Tafel S. 27). Kurz darauf verstarb im April 1390 auch der erste Kanzler der Universität, Konrad von Gelnhausen, welcher ebenfalls zu dem Kreis gehört hatte, der aus Paris kommend an der Gründung der Heidelberger Universität mitgewirkt hatte[213].

---

[209] Vgl. THORBECKE, Die älteste Zeit, S. 20*.
[210] AUH 1, Nr. 121.
[211] UB Winkelmann 2, Nr. 47.
[212] AUH 1, Nr. 124 und 125.
[213] Ebd.; vgl. zuletzt Hans-Jürgen BECKER, Konrad von Gelnhausen. Die kirchenpolitischen Schriften (Konziliengeschichte, Reihe B: Untersuchungen 17), Paderborn 2018, S. 27-29; RUNDE, Konrad von Gelnhausen, passim; Heike HAWICKS, Universität und landesherrliche Politik: Gründung, Fundierung und Gestaltungskraft der Universität Heidelberg zur Zeit des Abendländischen Schismas und der Konzilien, in: Hochschule und Politik

Weitere zum Teil tragische Todesfälle überschatteten die folgenden Jahre. Anna von Pfalz/Bayern, Herzogin von Berg, betrauerte 1394 ihren hoffnungsvoll aufstrebenden Sohn Ruprecht von Berg, welcher nach seinem Wechsel von Passau nach Paderborn in Padberg an der Pest verstarb[214]. Nur ein Jahr später starb 1395 auch ihre Tochter Beatrix, verwitwete Kurfürstin der Kurpfalz, deren Pfaffe Marsilius seit 1386 gewesen war. Sie wurde wie Ruprecht I. in der Grablege der Wittelsbacher im Neustädter Stift bestattet[215].

Die weiteren Tiefschläge, die Schlacht von Nikopolis im September 1396, in deren Folge der dort kämpfende Ruprecht Pipan Anfang 1397 starb, sowie die Schlacht von Kleverhamm im Sommer 1397 mit ihren verheerenden Folgen für Anna von Pfalz/Bayern, Wilhelm von Berg und ihre Nachkommen erlebte Marsilius von Inghen nicht mehr. Er starb im August 1396, kurz nachdem er zwischen dem 17. Juni 1395 und 23. Juni 1396 noch zum Doktor der Theologie provomiert worden

---

– Politisierung der Universitäten, hg. von Martin KINTZINGER/Ingo RUNDE/Wolfgang Eric WAGNER (Veröffentlichungen der Gesellschaft für Universitäts- und Wissenschaftsgeschichte 16), Basel [im Druck].

[214] Vgl. Hans Jürgen BRANDT/Karl HENGST, Die Bischöfe und Erzbischöfe von Paderborn, Paderborn 1984, S. 156–160, hier S. 158 mit der Inschrift auf der Grabplatte des Ruprecht von Berg:
Annis Mille Christi quadringentisque minus sex
De mundo tristi festo Petri Pauli rapuit nex
Rupertum, electum huius ecclesie, bene rectum,
De Montis vectum, Bavarorum fonte refectum.
Cui tu Messia, rogo, confer gaudia dya.
[Im Jahr tausend, viere der hundert, und weniger sechs
Nach Christi zu Peter-Paul Feste der Tod aus der Not
Der Welt nahm hinweg den Erwählten, den aufrechten Rupert,
Geschlechtes derer von Berg und dem edlern der Bayern.
Ich bitte, Messias, schenk' ihm die himmlischen Freuden!]
Zur aufwendigen Gestaltung der Grabplatte vgl. auch Götz J. PFEIFFER, Die Malerei am Niederrhein und in Westfalen um 1400. Der Meister des Berswordt-Retabels und der Stilwandel der Zeit (Studien zur internationalen Architektur- und Kunstgeschichte 73), Petersberg 2009, S. 123–130.

[215] Vgl. zu ihrer Grabplatte in Neustadt Lukas GRÜNENWALD, Alte Inschriften und Grabdenkmäler von Neustadt a. H. und Umgebung, Speyer 1908, S. 40.

Marsilius von Inghen und die Gründung der Heidelberger Universität 61

war[216], wobei anzumerken ist, dass er nach dem 27. August (1395) offenbar eine längere Zeit abwesend war, um *(in partibus)* eigene Angelegenheiten zu regeln und erst am besagten 23. Juni wieder belegt ist[217]. Sein Todestag fiel wie erwähnt bezeichnenderweise auf den Tag des heiligen Bernhard von Clairvaux, des Zisterziensers, dessen Orden in Heidelberg durch das St. Jakobskolleg Referenz erwiesen worden war[218] – Marsilius hatte seine Schriften gesammelt[219] und schlussendlich in einer umfangreichen Aufzeichnung der Universität Heidelberg hinterlassen[220]. Begraben wurde er in der Heidelberger Peterskirche vor dem Hochaltar[221], vermutlich jener Kirche, von deren Pleban im

---

[216] Auf der ersten Seite des ältesten Matrikelbandes mit der nach Fakultäten geordneten Auflistung der Magister findet sich der Eintrag von Marsilius gleich zweimal: Zunächst von der anlegenden Hand an der Spitze der unten aufgeführten Artisten *Magister Marsilius de Inghen, canonicus ecclesie s. Andree Colonyensis, Parisiensis* sowie als späterer Nachtrag – wohl von eigener Hand – hinzugefügt *Magister Marsilius de Inghen, doctor in sacra theologia* am Ende der Namenliste der Theologischen Fakultät, die ihrem Rang entsprechend oben platziert ist (Universitätsarchiv Heidelberg, M 1, fol. 1r; Abb. s.u. „Bild- und Schriftzeugnisse" Nr. 11; URL: https://digi.ub.uni-heidelberg.de/diglit/uah_m1/0003, abgerufen am 12.10.2021; Matrikel Toepke 1, S. 3 mit Anm. 6 und S. 6 mit Anm. 3).
[217] AUH 1, Nr. 207 und 211.
[218] Im September 1397 erfolgte schließlich der Beschluss des Wiener Generalkapitels der Zisterzienser, aus jedem Kloster des Ordens in seinem Lande wenigstens einen Schüler an die Universität nach Heidelberg in das dort errichtete Kollegium zu schicken, wo der Abt die Aufsicht und Jurisdiktion haben solle (UB Winkelmann 2, Nr. 103).
[219] S.o. Anm. 97 und Matrikel Toepke 1, S. 679, Nr. 391.
[220] Das Verzeichnis der Bücher, die Marsilius der Universität als Erbe hinterließ, findet sich als Auflistung am Ende des ersten Matrikelbandes, ediert im Anhang IV bei Matrikel Toepke 1, S. 678ff.; s.u. „Bild- und Schriftzeugnisse", Nr. 21. In Anhang III. finden sich auch seine eigenen Schriften sowie Urkunden und weitere von Marsilius überlieferte Ausgaben zugunsten der Universität (Matrikel Toepke 1, S. 655ff.)
[221] Vgl. SEELIGER-ZEISS, Das Grabmal, passim sowie unten die Zeichnung zur Grabstätte in „Bild- und Schriftzeugnisse", Nr. 23.

Zusammenhang mit Heidelberg im Jahre 1196 erstmals die Rede ist[222] und die somit zu diesem Zeitpunkt möglicherweise schon 200 Jahre existierte. Da in der besagten Urkunde des Schönauer Zisterzienserklosters nur ein *plebanus de Heidelberch* erwähnt wird, kann jedoch nicht mit Sicherheit von der damaligen Existenz der Peterskirche ausgegangen werden[223].

Ruprecht II. starb nur ein Jahr nach seinem einst zum Erben erkorenen Enkel Ruprecht Pipan, dem 1395 auch die langfristige Erbregelung durch die Rupertinische Konstitution gegolten hatte[224], im Januar 1398. Für seine Bestattung wünschte er sich, im Büßergewand und mit

---

[222] Vgl. mit Abb. Arnold SCHEUERBRANDT, Die ersten urkundlichen Erwähnungen Heidelbergs, in: Heidelberg. Geschichte und Gestalt, hg. von Elmar MITTLER, Heidelberg 1996, S. 46f.; SCHAAB, Geschichte der Kurpfalz 1, S. 57; Andreas CSER, Kleine Geschichte der Stadt und Universität Heidelberg, Karlsruhe 2007, S. 12f.

[223] Vgl. zur Diskussion um die Zeitstellung der Entstehung des Burgweilers um St. Peter, der ersten Heidelberger Pfarrkirche im ausgehenden 12. Jh. zuletzt Ulrich WAGNER, Regesten der Bruderschaft des Heidelberger Hofgesindes 1380–1414 (Schriftenreihe des Stadtarchivs Heidelberg 10), Heidelberg/Ubstadt-Weiher/Basel 2017, S. 18, und Melanie MERTENS, Denkmaltopographie Baden-Württemberg. Band II.5: Stadtkreis Heidelberg, mit Beiträgen von Ulrich BOEYNG, Andreas CSER, Ruth CYPIONKA [u.a.], Ostfildern 2013, S. 60.

[224] RPR 1, Nr. 5611; vgl. Heinz-Dieter HEIMANN, Hausordnung und Staatsbildung. Innerdynastische Konflikte als Wirkungsfaktoren der Herrschaftsverfestigung bei den wittelsbachischen Rheinpfalzgrafen und den Herzögen von Bayern. Ein Beitrag zum Normenwandel in der Krise des Spätmittelalters, Paderborn/München/Wien/Zürich 1993, S. 248ff.; Karl-Heinz SPIEß, Erbteilung, dynastische Räson und transpersonale Herrschaftsvorstellung. Die Pfalzgrafen bei Rhein im späten Mittelalter, in: Die Pfalz. Probleme einer Begriffsgeschichte vom Kaiserpalast auf dem Palatin bis zum heutigen Regierungsbezirk. Referate und Aussprachen der Arbeitstagung vom 4.–6. Oktober 1988 in St. Martin/Pfalz, hg. von Franz STAAB (Veröffentlichungen der pfälzischen Gesellschaft zur Förderung der Wissenschaften in Speyer 81), Speyer 1990, 159–181.

Marsilius von Inghen und die Gründung der Heidelberger Universität 63

nur einem Stein oder Klumpen Erde unter dem Kopf in Schönau begraben zu werden[225]. Nach einer offenbar kritischen Distanz zu Papst Bonifaz hatte er sich zuletzt in einem Vasallitätsvertrag vom Mai 1397[226] mit England verbunden und damit auch für den römischen Papst positioniert[227]. Wenig später folgte sein Sohn Ruprecht III. diesem Vorbild[228]. Ruprechts Tochter Anna, Beatrix' Mutter und Schwester des späteren Königs Ruprecht III., überlebte sowohl ihren Vater Ruprecht II. als auch ihren Bruder Ruprecht III. († 1410) und ihre Schwägerin Elisabeth von Hohenzollern († 1411). Sie verlor 1408 ihren Gatten, Herzog Wilhelm von Berg, welcher in den letzten Jahren seines Lebens nach der schmählichen Niederlage in der Schlacht von Kleverhamm in Streit mit seinen Söhnen gelegen hatte, die ihn sogar auf seiner Burg an der Wupper gefangen gehalten hatten, bis König Ruprecht schließlich eingeschritten war und seine Befreiung bewirkt hatte. Kaiserswerth ging nach der Schlacht von Kleverhamm als Pfand an die siegreichen Grafen von Kleve, mit denen Ruprecht III. 1399 seine Tochter Agnes verheiratete, welche aber wenige Jahre später ebenfalls verstarb[229].

Die Stiftsgründung St. Lambertus in Düsseldorf blieb jedoch erhalten und Anna wurde 1415 dort begraben. Als letzte weibliche Beteiligte der hier behandelten Gründungszeit verstarb 1417 schließlich auch Elisabeth von Sponheim und Vianden, welche der Kurpfalz einen Anteil an der Vorderen Grafschaft von Sponheim vermachte.

Dennoch bestanden die kurpfälzisch-niederrheinländischen Beziehungen zunächst unter Ruprecht III. und später auch unter Ludwig III. fort, was an anderer Stelle zu vertiefen ist. Zunächst soll abschließend

[225] S.o. S. 36, Anm. 115 mit Literatur.
[226] RPR 1, Nr. 5698 vom 30. Mai 1397, ausgestellt im März in Westminster, Nr. 5694 (s.u. „Europäische Vermittlung").
[227] RALL/RALL, Die Wittelsbacher, S. 184.
[228] RPR 1, Nr. 5850 vom Juni 1397 und Nr. 5852 vom 23. August 1397.
[229] Zur Eheschließung von 1399 und zum Zoll von Kaiserswerth vgl. Alois GERLICH, Habsburg – Luxemburg – Wittelsbach im Kampf um die deutsche Königskrone. Studien zur Vorgeschichte des Königtums Ruprechts von der Pfalz, Wiesbaden 1960, S. 265f.; HAWICKS, Xanten im Spätmittelalter, S. 490f. sowie SCHOTTMANN, Der Prozess, S. 120.

noch ein letzter Blick auf den alten Weggefährten von Marsilius, Hugo von Hervorst, geworfen werden.

Europäische Vermittlung: Propst Hugo von Hervorst in England und Ritter Hugo von Hervorst als Gesandter König Ruprechts auf der Iberischen Halbinsel

Die Familie Hervorst blieb den Pfalzgrafen bei Rhein auch nach dem Tod von Marsilius verbunden. Als Ruprecht II. und Ruprecht III. nach der verlorenen Schlacht von Nikopolis im September 1396 und dem daraus resultierenden Tod des kurpfälzischen Erben Ruprecht Pipan[230] 1397 Vasallen des englischen Königs wurden, tat dies auch Hugo von Hervorst, welcher sich im Sommer 1397 in England nahe London aufhielt, offenbar zur gleichen Zeit, als Ruprecht III. sich daheim ebenfalls zu diesem Schritt entschloss. So bekundete Hugo von Hervorst am 7. Juli 1397 in Eltham, dass Richard II. ihn als Vasallen und Rat angenommen habe. Von dem Vertrag nahm er den römischen Papst Bonifaz und dessen rechte Nachfolger sowie die Hl. Römische Kirche, den Kardinalbischof von Ostia, Philipp von Alençon, den Erzbischof von Köln, die Kurfürsten des Hl. Reiches sowie die Kölner und alle anderen Kirchen aus, in denen er Benefizien hatte oder haben würde[231]. Dass Hugo von Hervorst als Abgesandter des Kölner Erzbischofs agierte, erfahren wir aus der im *Calendar of the Close Rolls* enthaltenen Zuwendung vom 4. August 1397, in der ihm die Erlaubnis gewährt wurde, für eigenen Bedarf Tuche zollfrei aus England auszuführen[232]. Zu diesem Zeitpunkt war Hugo von Hervorst aber bereits an den Niederrhein zurückgekehrt, denn am selben Tag urkundete der Kölner Erzbischof im Kontext dieser politischen Entwicklungen in Bonn, indem er dem französischen König sein früheres, 1378

---

[230] Vgl. den Bericht über Nikopolis bei Hans SCHILTBERGER, Als Sklave im Osmanischen Reich und bei den Tataren 1394–1427. Aus dem Mittelhochdeutschen übertragen und hg. von Ulrich SCHLEMMER (Alte abenteuerliche Reiseberichte), Stuttgart 1983, S. 41–45.
[231] REK 10, Nr. 1315.
[232] REK 10, Nr. 1341.

geschlossenes Vasallitätsverhältnis aufkündigte; dabei wird Hugo von Hervorst als erster Zeuge genannt[233]. Möglicherweise war er es auch, der 1399 den Vasallitätsvertrag Wilhelms von Berg mit König Richard von England vermittelte[234]. Möglich wäre dies, denn im April 1399, als jener Vertrag geschlossen wurde, lebte Hugo von Hervorst noch[235]; er starb im Juli desselben Jahres in Xanten[236]. Nach Auskunft der Baurechnung von 1398/99 fand er dort seine letzte Ruhestätte[237], auch wenn sein Grab heute nicht mehr in der Xantener Stiftskirche lokalisiert werden kann.

Der durch seine Kommentare zu Marsilius' Logik-Schriften berühmt gewordene Hugo von Hervorst[238], der offenbar bis zu seinem Tode im Jahr 1399 in der nach ihm benannten Hervorst'schen Propstei in der Xantener Stiftimmunität lebte[239], „vererbte" seine kurpfälzischen Beziehungen offenbar an ein weiteres Familienmitglied.

Ein Ritter Hugo von Hervorst stand noch 1402 in Diensten König Ruprechts, in dessen Auftrag er auf der Iberischen Halbinsel unterwegs war. Er wird im Mai 1402 als Gesandter Ruprechts, Stephans und der deutschen Kurfürsten an Martin und *alios reges Yspanie* erwähnt[240]. Die verwandtschaftlichen Verbindungen der Ruprechte zu

---

[233] REK 10, Nr. 1340.
[234] Vgl. zu dem Vertrag KOLODZIEJ, Herzog Wilhelm I., S. 273ff.
[235] Letzte Erwähnung am 30. April 1399 in REK 10, Nr. 1793.
[236] REK 10, Nr. 1838, zur möglichen Eingrenzung der Datierung seines möglichen Todeszeitpunktes vgl. REK X, Nr. 2313a, Anm. 1; Inventar der Urkunden des Stiftsarchivs Xanten (1119–1449), Nr. 968.
[237] *It. de apertura sepulchri quondam d.Hugonis prepositi nostri 2 mr.;* Die Baurechnungen der Jahre 1356 bis 1437, hg. von Guido ROTTHOFF/Carl WILKES (Die Stiftskirche des hl. Viktor zu Xanten III.2), Berlin 1957, Sp. 183.
[238] S.u. den Beitrag von H. BERGER in diesem Band.
[239] Carl WILKES, Studien zur Topographie der Xantener Immunität, in: Annalen des Historischen Vereins für den Niederrhein 151/152 (1952), S. 7–153, hier S. 137–143; Die Inschriften der Stadt Xanten, gesammelt und bearb. von Paul LEY unter Mitarbeit von Helga GIERSIEPEN (Die Deutschen Inschriften 92, Düsseldorfer Reihe 9), Wiesbaden 2017, Nr. 96.
[240] Johannes VINCKE, Ruprecht von der Pfalz und Martin von Aragon, in: Festschrift für Hermann Heimpel zum 70. Geburtstag, Zweiter Band, hg.

den Königen der Iberischen Halbinsel sind ein weiterführendes Thema, das hier nicht näher behandelt werden kann. Aber Hugo wurde auf Empfehlung Martins von Aragón wiederum mit Geleitscheinen für eine Reise zu Heinrich III. von Kastilien und den Infanten Ferdinand von Kastilien sowie zu Johann I. von Portugal versehen[241]. Ebensolche Empfehlungen seiner Person sind auch für den Kardinal von Spanien überliefert. Sogar bis zu den Königen *Malsomet von Granada* und *Bençeit* von *Fez* und *Algarbe* führte ihn seine Reise, deren Ziel und Inhalt die kirchliche Einigung in Zeiten des Großen Abendländischen Schismas war. Die internationalen Aktivitäten der Ruprechte in diesem Punkt sind an anderer Stelle zu würdigen[242].

Derselbe oder ein weiterer(?) Hugo von Hervorst war ebenfalls erzbischöflicher Rat, päpstlicher Familiare und Nuntius[243]. Dieser Ritter Hugo von Hervorst wird schließlich noch 1410 in Diensten des Erzbischofs von Köln erwähnt; bezeichnenderweise ging es um einen Streit innerhalb der Ritterschaft betreffend Güter in Dorsten[244], dem mutmaßlichen Ursprungsgebiet der Familie Hervorst. Danach wird er noch in den Bursenrechnungen des Stiftes Xanten in den Jahren 1409/10, 1410/11 und 1412/13 erwähnt[245]. Da es dabei um Treffen in

---

von den Mitarbeitern des Max-Planck-Instituts für Geschichte, Göttingen 1972, S. 500–539, hier Nr. 10, S. 535.

[241] Ebd., Nr. 10 1) und 2), S. 534f.

[242] Eine Arbeit zu den Beziehungen der pfälzischen Wittelsbacher und ihrer Universitätsangehörigen zur Iberischen Halbinsel während des Großen Abendländischen Schismas ist in Vorbereitung.

[243] Dieser Hugo von Hervorst wird in den Regesten der Erzbischöfe von Köln im Mittelalter (REK), Band 11: 1401–1410 (Friedrich von Saarwerden), bearb. von Norbert ANDERNACH, Düsseldorf 1992, Nr. 220 zuerst im Jahr 1401 erwähnt und dann wieder 1404ff. (ebd., Nr. 870). Die Lücke könnte zu der oben ausgeführten Reise passen, so dass es sich theoretisch um ein und denselben Hugo von Hervorst handeln könnte, wenn sich nicht noch weitere rheinische Belege finden, die in den Reisezeitraum um 1402 fallen.

[244] REK 11, Nr. 2690.

[245] Die Bursenrechnungen des St.-Viktor-Stiftes zu Xanten 1401/02 bis 1455/56, bearb. von Dieter LÜCK (Die Stiftskirche des hl. Viktor zu Xanten IX), Kevelaer 1993, Sp. 112, 122 und 150.

der Hervorst'schen Propstei geht, in deren Verlauf Schriftstücke ausgegeben wurden und die teilweise mit Bewirtung und Gaben von Wein einhergingen, kann es sich dabei nicht um die postume Erwähnung von Propst Hugo von Hervorst handeln, wie es die Erschließung im Register der Bursenrechnungen ausweist[246]. Es müssen diese Eintragungen daher mit seinem Verwandten Hugo von Hervorst zusammenhängen, der somit bis 1412/13 zu belegen ist.

Zusammenfassung

Hier schließt sich der Kreis: die Familie Hervorst und die aus gemeinsamen Pariser Studienjahren herrührende Freundschaft von Propst Hugo zu dem Niederrheiner Marsilius, die Präsenz der Wittelsbacher im Rheinland und ihr Zusammenwirken mit den Würdenträgern des Bonner Cassius-Stiftes[247], ihre zeitweise enge Beziehung zur römischen Kurie Urbans VI. über Ruprecht von Berg, die Verpfändung des Kaiserswerther Rheinzolls über Annas Ehe mit Wilhelm und die Tatkraft Ruprechts I., der noch im hohen Alter Beatrix von Berg ehelichte. Mit ihrem Pfaffen Marsilius von Inghen, der durch die persönlich in Rom und Bonn erlebten Wirren des Schismas geprägt wurde, betrieben die Ruprechte den kühnen Plan einer Universitätsgründung und eines Zisterzienserkollegs nach Pariser Vorbild in der kleinen Residenzstadt Heidelberg.

All dies führte letztendlich zu einer Verbindung der Kurpfalz mit den nordwestlichen Territorien des Niederrheins, die sich als ebenso zukunftsweisend erweisen sollte wie sie ihrerseits ein Spiegel ihrer eigenen Geschichte, der einst stattgefundenen Südverdrängung der lothringischen Pfalzgrafen vom Niederrhein über die Eifel und den

---

[246] Ebd., S. 24*.

[247] Dabei ist zu berücksichtigen, dass die erzbischöfliche Residenz Friedrichs von Saarwerden in Poppelsdorf einst vom Propst des Bonner Cassius-Stiftes an Graf Wilhelm von Jülich verpfändet worden war, welcher ein Bruder des damaligen Erzbischofs Walram von Jülich gewesen war. Der Enkel jenes Jülicher Grafen, später Herzogs von Jülich, war Wilhelm II. von Berg, der Gatte der Wittelsbacherin Anna (Literatur s.o. Anm. 48).

Mittelrhein bis in die Rhein-Neckar-Region, war[248]. Die Geschichte beider Regionen an Oberrhein und Niederrhein bleibt jedoch über Jahrhunderte verwoben und auch mit der Heidelberger Universität verknüpft, die ihrerseits mit dem Namen Marsilius von Inghen untrennbar verbunden ist.

Ausblick: Marsilius – eine Lebensgeschichte von gestern?

Zur Beantwortung der Frage, was das Gedenken an Marsilius von Inghen uns heute noch bedeuten kann, sei vorab eine Meinung aus dem Jahr 2008 zitiert, als J. Miethke resümierte: „Daß wir auch heute noch des Marsilius von Inghen gedenken, ist gewiss nicht lebensnotwendig, ja nicht lebenswichtig für das Jahr 2008 oder 2009 […]. Es kann uns dabei verdeutlichen, daß unsere Universität seit ihren ersten Anfängen auf das Engagement von Magistern und Gelehrten ebenso angewiesen war, wie auf die materielle Absicherung durch Politik und Gesellschaft…"[249].

Fasst man dies zusammen, werden hier neben seinem hohen persönlichen Engagement vor allem die Verdienste des Marsilius um die finanzielle Ausstattung der Universität gewürdigt. Dem ist vor dem Hintergrund des hier ausführlich Dargelegten nur zuzustimmen. Ohne Marsilius und seine Kontakte hätte es, abgesehen von den Geldern aus der Schatulle des Pfalzgrafen, kaum jene vielfältigen Finanzquellen aus Rotulusgeldern, Rheinzöllen, aber auch sonstigen Zinsen und Gefällen, die er 1396 in einem Verzeichnis zusammenfasste[250], gegeben. Inso-

---

[248] Vgl. Ursula LEWALD, Die Ezzonen. Das Schicksal eines rheinischen Fürstengeschlechts, Rheinische Vierteljahrsblätter 43 (1979), S. 120–168; SCHAAB, Geschichte der Kurpfalz 1, S. 18ff.; Stefan WEINFURTER, Staufische Grundlagen der Pfalzgrafschaft bei Rhein, in: Die Wittelsbacher und die Kurpfalz im Mittelalter. Eine Erfolgsgeschichte?, hg. von Jörg PELTZER/Bernd SCHNEIDMÜLLER/Stefan WEINFURTER, Regensburg 2013, S. 11–22.
[249] MIETHKE, Marsilius von Inghen in Heidelberg, S. 16.
[250] Matrikel Toepke 1, S. 672–676.

fern ist Marsilius von Inghen durchaus als Meister einer frühen „Drittmittelbeschaffung" bzw. Kapitalanlage zu würdigen. Zur Herstellung eines Universitätsszepters hat er offenbar wie Ruprecht I. aus seiner eigenen Schatulle Geld beigetragen[251].

Hochproblematisch ist die Beschaffung von Räumlichkeiten durch die Vertreibung der Heidelberger Juden aus ihren Häusern und ihrer Synagoge in den Gründungsjahren der Universität. Ob und inwieweit Marsilius daran persönlich beteiligt war, lässt sich den Quellen nicht entnehmen, da er zum Zeitpunkt der Vertreibung im September/Oktober 1390 möglicherweise noch nicht von seiner fast ein Jahr dauernden Rotulusgesandtschaft nach Rom zurückgekehrt war und die Universität noch in der ersten Jahreshälfte 1390 eine anderes Neubau-Projekt vor den Stadttoren verfolgt hatte. Er ist am 10. Oktober bei seiner erneuten Rektorwahl erstmals wieder vor Ort fassbar und war seit November 1389, also auch zum Zeitpunkt des Todes von Ruprecht I. im Februar 1390, nicht in Heidelberg[252]. Allerdings war er bei den Beratungen der Universitätsversammlung über die Verwendung der Judenhäuser vom 2. November 1390 amtierender Rektor. Auch bei der auf Veranlassung der Pfalzgrafen Ruprecht II. und Ruprecht III. vorgenommenen Weihe der Synagoge zu einer christlichen Kirche durch den Wormser Bischof[253] war er anwesend, wenngleich nicht mehr als amtierender Rektor. Er trug den betreffenden Bericht daher auch nicht in den Rektorband ein[254]. Bei der Übergabe seines Rektorates Mitte Dezember 1390 formulierte er in recht ungewöhnlicher Manier: *Hec fuerunt acta in dicta rectoria, et non recordor plurium scribi dignorum* (er erinnere keine weiteren Geschehnisse, die wert seien, niedergeschrieben zu werden[255]) – dabei erwähnte er die Vertreibung der Heidelberger Juden mit keinem Wort. Es ist müßig, etwas aus heutiger Sichtweise in diese Aussagen hineininterpretieren zu wollen, denn es

---

[251] Matrikel Toepke 1, S. 27ff. mit Anm. 7; vgl. MIETHKE, Marsilius von Inghen in Heidelberg, S. 11 und s.u. „Bild- und Schriftzeugnisse" Nr. 16f. mit der entsprechenden Notiz und der Inschrift auf dem Stab des Zepters.
[252] AUH 1, Nr. 121.
[253] AUH 1, Nr. 1.
[254] AUH 1, S. 627.
[255] AUH 1, Nr. 128.

bleibt unklar, ob Marsilius hinter den Judenvertreibungen stand oder sie billigte. Es kann daher nur konstatiert werden, dass er möglicherweise unbeteiligt war, wenn die Vertreibung im September, zum Zeitpunkt der Judenschuldentilgung Wenzels, stattgefunden hat, denn zu diesem Zeitpunkt war er höchstwahrscheinlich noch nicht nach Heidelberg zurückgekehrt. Sollte sich die Vertreibung jedoch im Oktober ereignet haben, dann könnte er nach seiner erneuten Wahl zum Rektor am 10. des Monats durchaus in die Geschehnisse verwickelt gewesen ein. Solange also das genaue Datum dieser Vertreibung nicht festgestellt werden kann, wird hier keine eindeutige Aussage zu treffen sein. In seinem späteren (7.) Rektorat des Jahres 1391 wurde er vom Pfalzgrafen mit der Verpachtung des Judenfriedhofs beauftragt[256], geriet aber mit dem Schultheißen wegen der Inhaftierung eines Konvertiten und Katechumenen *quem rector propter deum tenuit et in fide instrui fecit* in Konflikt. Marsilius wollte diesbezüglich Beschwerde beim Herzog einlegen[257].

Es kann aber festgehalten werden, dass auch andere Wegbegleiter, wie z.B. Konrad von Soltau, aktiv in die Abwicklung der entsprechenden Geschäfte rund um die Judenhäuser eingebunden waren[258]. Als jener einige Jahre später wiederum auf der Rückreise von Rom 1394 in Gefangenschaft geriet und über Monate inhaftiert war, setzte sich Marsilius in überaus kollegialer Weise nicht nur für dessen Freilassung ein, sondern streckte selbst Geld vor, um das benötigte Lösegeld beizubringen[259]. Eine diesbezügliche Kostenaufstellung findet sich

---

[256] AUH 1, Nr. 146.
[257] AUH 1, Nr. 142.
[258] AUH 1, Nr. 126f.
[259] AUH 1, Nr. 204; Gustav TOEPKE, Die Harzer und deren Nachbarn auf der Universität Heidelberg in den Jahren 1386–1662, in: Zeitschrift des Harz-Vereins für Geschichte und Alterthumskunde, 13. Jg. 1880 (1881), S. 139–189, hier S. 142: „Marsilius von Inghen, das Haupt der Artistenfacultät und der eifrigste Vertheidiger der Rechte derselben, streckte sofort der Universität Geld vor, um die ersten Kosten in Sachen Soltau zu decken. Ein schönes Beispiel collegialischer und uneigennütziger Gesinnung, wo es sich um das *bonum universitatis* handelte, hier speciell um die Verthei-

auch in der Auflistung seiner Hinterlassenschaft am Ende des ersten Heidelberger Matrikelbandes[260].

Nach dem insgesamt hier Herausgearbeiteten sind folgende Eigenschaften des Marsilius von Inghen hervorzuheben: die ihm eigene Konsequenz in (kirchen-)politischen Fragen, welche ihn inmitten des Abendländischen Schismas zum unerschütterlichen Vorkämpfer für den römischen Papststuhl machte, sowie die Loyalität zu seinem Förderer Ruprecht I., der ihm die Gestaltung der Universität als *anheber und regirer* weitgehend überließ und dem er im Gegenzug auch in Krisenzeiten die Treue hielt, während viele Wegbegleiter das kleine Heidelberg wieder verließen und ihr Heil in den mit Abstand größeren und attraktiveren Städten Köln oder Erfurt suchten. Ihm wurde hingegen auch gestattet, viele seiner Weggefährten und sogar Familienangehörige in die Universität einzubinden, teilweise sogar in sehr gehobenen Positionen. Das gegenseitige Geben und Nehmen hat sicher viel zum Wachsen und Gedeihen der kleinen Universitätspflanzung beigetragen, denn ohne den Gelehrtenzuzug aus den niederrheinländischen Gebieten wären ihre Änfänge sicher noch bescheidener ausgefallen oder gar nicht möglich gewesen – bereits unter den gegebenen Umständen musste E. Wolgast konstatieren: „[…] keine deutsche Universität zuvor oder später begann so kümmerlich wie die Heidelberger"[261].

Was hier insbesondere zu würdigen ist, sind jedoch seine wissenschaftlichen Verdienste. Allein seine der Universität bei seinem Ableben überschriebene Büchersammlung dokumentiert die ihm eigene Vielseitigkeit als Wissenschaftler. Er sammelte gemäß der mittelalterlichen Grundlegung wissenschaftlichen Denkens innerhalb der Artes

---

digung des den Universitätsmitgliedern gewährleisteten „*salvus conductus!*" In späteren Jahrhunderten vermißt man leider sehr häufig eine derartige Gesinnung bei Letzteren. Es liegt mir selbstverständlich fern, Anspielungen auf die Gegenwart machen zu wollen."
[260] Matrikel Toepke 1, S. 676 mit Anm. 4 und s.u. „Bild- und Schriftzeugnisse", Nr. 21.
[261] Vgl. Eike WOLGAST, Die Universität Heidelberg 1386–1986, Berlin/Heidelberg/New York/London/Paris/Tokyo 1986, S. 3.

Bücher theologischen Inhalts[262], juristische Literatur[263], Bücher über Medizin[264], Metaphysik[265], praktische Philosophie[266], Naturwissenschaften[267], Mathematik[268], Logik[269] und Grammatik[270]. Er selbst verfasste logische Werke, einen Rhetorik-Kommentar, naturphilosophische Werke, Kommentare über die Metaphysik des Aristoteles, praktisch-philosophische Werke, theologische Werke und kirchenpolitische Schriften[271]. Einige seiner Werke wurden oft umgearbeitet oder dienten als Grundlage zur Abfassung von Universitätslehrbüchern, vor allem in Prag, Krakau, Wien, Heidelberg, Erfurt und Leipzig[272].

Er begründete die nach ihm benannte *via Marsiliana* der „Modernen", über die Gerhard Ritter in seinen Spätscholastischen Studien eingehend geforscht hat[273]. Noch um 1500 wurde über die Forschungsrichtungen der Moderni und der Antiqui gestritten, weshalb die um 1499 für ihn verfasste Denkschrift ein Statement aus Sicht der Vertreter der *via moderna* darstellt[274].

---

[262] Matrikel Toepke 1, S. 678–680.
[263] Matrikel Toepke 1, S. 680f.
[264] Matrikel Toepke 1, S. 680.
[265] Matrikel Toepke 1, S. 681.
[266] Matrikel Toepke 1, S. 681f.
[267] Matrikel Toepke 1, S. 682f.
[268] Matrikel Toepke 1, S. 683f.
[269] Matrikel Toepke 1, S. 684.
[270] Matrikel Toepke 1, S. 685.
[271] Mieczysław MARKOWSKI, Art. „Marsilius von Inghen", in: Verfasserlexikon. Die deutsche Literatur des Mittelalters, Band 6, hg. von Kurt RUH, Red. Christine STÖLLINGER-LÖSER, Berlin/New York 1987, S. 136–141 sowie einige Werke davon auch im Nachlass von Gelnhausen, Toepke Anhang III.
[272] MARKOWSKI, Art. „Marsilius von Inghen", S. 137–139.
[273] Gerhard RITTER, Studien zur Spätscholastik II. Via antiqua und via moderna auf den deutschen Universitäten des XV. Jahrhunderts (Sitzungsberichte der Heidelberger Akademie der Wissenschaften, Philosophisch-Historische Klasse 1922,7), Heidelberg 1922.
[274] Vgl. Dorothea WALZ/Reinhard DÜCHTING (Hgg.), Marsilius von Inghen. Gedenkschrift 1499 zum einhundertsten Todestag des Gründungsrektors

Marsilius, der offenbar auch Sympathien für Bernhard von Clairvaux hegte[275], lag mit dieser Vorliebe sogar auf der Linie Martin Luthers[276], welcher seinerseits 1518 im Gebäude der Artisten seine berühmte Heidelberger Disputation abhielt. Dies ist eine weitere Perspektive auf Marsilius, die weniger bekannt ist, aber zeigt, dass seine Ansätze über die Zeiten hinweg richtungsweisend blieben, auch wenn Luther die Scholastik und damit auch die *via moderna* weitgehend ablehnte.

Außerdem steht Marsilius mit seiner *peregrinatio academica* von Paris über Montpellier nach Heidelberg für Internationalität in der Wissenschaft und kann mit seiner Geburt in den heutigen Niederlanden und seinem Wirken in Frankreich, Italien und Nieder- sowie Oberdeutschland als wahrer Europäer gelten, auch wenn ihn eben diese Offenheit aufgrund der später oft national geprägten Wissenschaftskulturen durchaus öfter dem Vergessen preisgegeben hat, wie eingangs dargelegt wurde.

Für Heidelberg ist Marsilius als wissenschaftliche Autorität aber nicht nur ein Namengeber im universitären Kontext, sondern mit seiner Lehrerlaubnis an der Universität Montpellier[277] schlägt er auch eine weitere Brücke zu der südfranzösischen Stadt, mit der Heidelberg vor nunmehr 60 Jahren seine erste Städtepartnerschaft abschloss[278].

der Universität Heidelberg (Lateinische Literatur im deutschen Südwesten 1), Heidelberg 2008 sowie den Beitrag von H. BERGER in diesem Band.
[275] S.o. S. 32.
[276] Vgl. Volker LEPPIN, Die Heidelberger Disputation, in: Reformation! Der Südwesten und Europa. Begleitband zur Ausstellung, hg. von Alfried WIECZOREK/Christoph STROHM/Stefan WEINFURTER, Regensburg 2017, S. 31–39, hier S. 34.
[277] Er erhielt im Jahr 1369 die päpstliche Indulgenz, dort die Artes lehren zu dürfen; KOHL, Bistum Münster 4/3, S. 518.
[278] Vgl. zur Entwicklung der Partnerschaft mit Montpellier URL: https://www.heidelberg.de/hd/HD/Leben/Entwicklung+der+Partnerschaft.html, abgerufen am 03.10.2021). Allerdings kamen hier die Impulse aus medizinischen, juristischen und germanistischen Seminaren und nicht aus der philosophischen Fakultät oder gar aus dem Historischen Seminar, was 1961 dem damals 575-jährigen Universitätsgründungs-Jubiläum durch Marsilius und die Pfalzgrafen in Heidelberg gut zu Gesicht gestanden hätte.

Was ist von Marsilius im Gedächtnis geblieben?

Das einzige, was in der Heidelberger Altstadt noch konkret an Marsilius erinnert, ist der nach ihm benannte kleine (Park)platz an der neuen Universität, der im Rahmen des Baues der Neuen Universität errichtet wurde[279]. Diesem Universitäts-Neubau war 1921 das 525-jährige Marsilius-Gedenken vorausgegangen, dem sich Gerhard Ritter[280] im ersten Band seiner „Studien zur Spätscholastik" mit dem Titel „Marsilius von Inghen und die okkamistische Schule in Deutschland" ausführlich gewidmet hatte. Diesem pünktlich zum 525. Todestag erschienenen ersten Band des Jahres 1921 folgten 1922 und 1927 zwei weitere Bände der Studien zur Spätscholastik im Rahmen der Sitzungsberichte der Heidelberger Akademie der Wissenschaften[281].

Als ab 1928 die Neue Universität errichtet wurde, erhielt der dabei entstandene Platz 1931 unter konkreter Bezugnahme auf die von Ritter

---

Heute im Jahr 2021 würdigt man wiederum das 60-jährige Bestehen dieser Städtepartnerschaft, wobei künftig auch Marsilius mitberücksichtigt werden könnte (URL: https://www.heidelberg.de/hd/HD/service/30_08_2021+60+jahre+staedtepartnerschaft+heidelberg-montpellier.html, abgerufen am 03.10.2021).

[279] S.u. „Schrift- und Bildquellen, Nr. 30 und vgl. Dieter GRIESBACH/Annette KRÄMER/Mechthild MAISANT, Die Neue Universität, in: Semper apertus. Sechshundert Jahre Ruprecht-Karls-Universität Heidelberg 1386–1986, Band 5: Die Gebäude der Universität Heidelberg, hg. von Peter Anselm RIEDL, Berlin 1985, S. 79–112, hier S. 93–95.

[280] Vgl. zu Person und Werk Christoph CORNELIßEN, Gerhard Ritter. Geschichtswissenschaft und Politik im 20. Jahrhundert (Schriften des Bundesarchivs 58), Düsseldorf 2001.

[281] RITTER, Studien zur Spätscholastik I (Marsilius von Inghen und die okkamistische Schule in Deutschland, 1921); Studien zur Spätscholastik II (Via antiqua und via moderna auf den deutschen Universitäten des XV. Jahrhunderts, 1922); Studien zur Spätscholastik III. Neue Quellenstücke zur Theologie des Johann von Wesel (Sitzungsberichte der Heidelberger Akademie der Wissenschaften, Philosophisch-Historische Klasse 1926/27,5), Heidelberg 1927.

Marsilius von Inghen und die Gründung der Heidelberger Universität 75

in den Jahren zuvor publizierten Themen offiziell seinen jetzigen Namen „Marsiliusplatz": „Weiter hat er [der Stadtrat] beschlossen, einen Platz, der im Zusammenhang mit dem Neubau der Universität entsteht, Marsiliusplatz zu nennen nach dem ersten Rektor der Universität, dem von ihr selbst so genannten großen Förderer der *via moderna,* die nach ihm hier als *via marsiliana* bezeichnet wurde"[282]. Die Ausgestaltung des neuen Platzes wurde noch im Sommer 1932 vom Architekten Gruber mit dem Ministerium des Kultus und Unterrichts in Karlsruhe diskutiert. Nach Gruber erfüllte er drei wichtige architektonische Aufgaben, und zwar die räumliche Fassung der freiliegenden Ostfassade des Universitätsgebäudes, mit seiner horizontalen Gliederung einen wirksamen Kontrast zur steilen Baumasse des Jesuitenturmes und eine geschlossene räumliche Zusammenfassung aller Hofseiten des Universitätshofes. Ihn leitete der Grundgedanke: „der mich von Anfang an geleitet hatte, den des gesammelter Geistesarbeit dienenden von der Außenwelt abgeschlossenen Universitätshofes zu retten"[283]. Mit der Realisierung von Grubers Plänen wurde so ein Gedenkort für den Geistesarbeiter Marsilius geschaffen, wenngleich er an Würde seinem einstigen Grabmal in der Peterskirche um einiges nachsteht.

Dort in der Peterskirche hatte seine sterbliche Hülle vor nunmehr 625 Jahren eine würdige Ruhestätte vor dem Hochaltar gefunden, welche die Zeiten jedoch nicht überdauert hat[284]. Als die Universität 2011 ihr 625-jähriges Jubiläum feierte, wurde ihm zu Ehren unter

---

[282] Heidelberger Neueste Nachrichten – Heidelberger Anzeiger, 10. Juni 1931, S. 4; vgl. zuletzt auch Hansjoachim RÄTHER, Die Heidelberger Straßennamen. Straßen, Wege, Plätze und Brücken in Heidelberg (Beiträge zur Heidelberger Stadtgeschichte 1), Heidelberg 2015, S. 233.
[283] Universitätsarchiv Heidelberg, B-5133/6: Gutachten von Karl Gruber zur Gestaltung des Marsiliusplatzes vom 8. Juni 1932.
[284] S.o. S. 61f. und vgl. Heike HAWICKS, Peterskirche und Marsiliusplatz. Gedenkorte der Universität Heidelberg für ihren Gründungsrektor Marsilius von Inghen im Schatten des Hexenturms, in: Erstes Heidelberger Stadtgespräch: Der Hexenturm, 1. Oktober 2021, Organisation Romedio SCHMITZ-ESSER/Alicia LOHMANN [Druck in Vorbereitung].

Mitwirkung des Universitätsarchivs in der Peterskirche jedoch zumindest eine Gedenktafel in der dortigen Universitätskapelle in den Boden eingelassen[285].

Im Jahr 2016 schließlich, sozusagen zum 630. Universitätsjubiläum, zog das 2008 als „Schaufenster" der Universität gegründete und nach ihm benannte „Marsilius-Kolleg" in die neuen „Marsilius-Arkaden" im Neuenheimer Feld ein[286], wobei die Benennung nach dem Gründungsrektor seiner Vielseitigkeit und umfassenden Bildung ebenso Rechnung trägt wie seiner „modernen" Methodik. Auf diese Weise lebt ein Teil seines Erbes nach diesem Aufbruch zu neuen Ufern auch auf der anderen Neckarseite weiter.

Dieses Erbe manifestiert sich in seiner damals „modernen" wissenschaftlichen Methode, die als *via Marsiliana* in die Geschichte einging. Marsilius' Schriften wurden Grundlage für viele Lehrbücher an europäischen Universitäten und seine Werke wurden in Kommentaren und Meta-Kommentaren noch lange weiter diskutiert. Wie der vorliegende Band zeigt, interessiert seine Rezeption die Philosophiegeschichte bis heute[287].

---

[285] S.u. „Bild- und Schriftzeugnisse", Nr. 28; Rhein-Neckar-Zeitung, 18. Oktober 2011, Nr. 241, S. 3: Art. „Er legte den Grundstein. Heute vor 625 Jahren wurde die Uni gegründet, jetzt erinnert ein Stein an Marsilius von Inghen".
[286] S.u. „Bild- und Schriftzeugnisse", Nr. 31f.; zu Marsiliuskolleg und Marsiliusarkaden vgl. URL: https://www.marsilius-kolleg.uni-heidelberg.de/historisches/mk-arkaden.html (abgerufen am 17.11.2021).
[287] Vgl. H. BERGER in diesem Band.

Anhang I: Karten 77

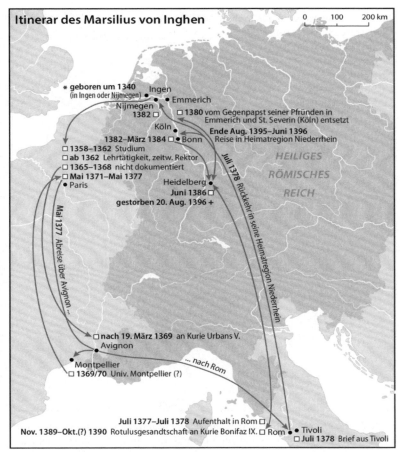

Karte 1: Aus Nijmegen bzw. dem nahegelegenen Ort Ingen stammend, studierte, lehrte und forschte Marsilius zunächst von 1358–1377 in Paris, war 1369 in Avignon (vermutlich auch in Montpellier) und reiste 1377 über Avignon nach Rom, von wo er aus Tivoli einen warnenden Brief über die Papstwahl nach Paris schrieb. 1378 kehrte er nicht nach Paris zurück, sondern begab sich zu seinen Pfründen an den Niederrhein, wo er 1380/82/84 in Nijmegen und Bonn nachweisbar ist. 1386 ist er in Heidelberg als Gründungsrektor belegt, begab sich aber noch einmal 1389/90 als Gesandter nach Rom und 1395/96 in seine Heimat, bevor er 1396 in Heidelberg verstarb (Karte: Volker Schniepp/ Heike Hawicks, Heidelberg 2021).

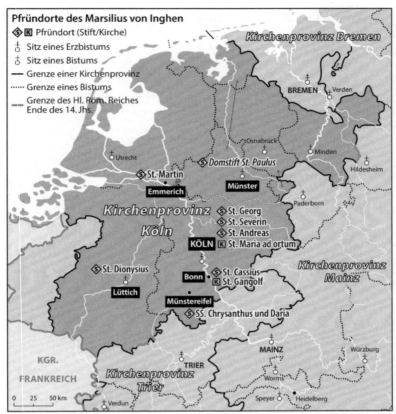

Karte 2: Die kirchlichen Pfründen, aus denen Marsilius von Inghen seine Einkünfte erhielt, lagen sämtlich in der Kölner Kirchenprovinz. Ganz in der Nähe seines Heimatortes hatte er ein Kanonikat an St. Martin zu Emmerich inne. Gegen Ende seines Studiums an der Pariser Artistenfakultät erhielt er zudem ein Kanonikat in St. Severin zu Köln und eine Pfründe in St. Georg zu Köln. Ab 1386 sind auch Kanonikat und Thesaurarie an St. Andreas zu Köln nachweisbar. Hinzu kamen der Anspruch auf eine freiwerdende Pfründe am Domstift in Münster, ein Kanonikat im St. Cassius-Stift in Bonn sowie Benefizien in Münstereifel, eine Altarstelle in der Kirche Maria ad ortum in Köln sowie die Scholasterie am Stift St. Dionysius zu Lüttich (Karte: Volker Schniepp / Heike Hawicks, Heidelberg 2021).

Anhang II: Matrikelliste

Matrikelliste der Universität Heidelberg, beginnend mit den Lehrenden von 1386–1397, gefolgt von den unter dem ersten Rektorat des Marsilius inskribierten Studierenden[1]

In **Fettdruck** dargestellt sind Personen aus der Kölner Kirchenprovinz, davon *kursiv* die bereits bei J. de Wal aufgeführten Niederländer[2] und unterstrichen jene aus Nijmegen bzw. Inghen, wobei die Nijmegener bei de Wal fehlten, da sie korrekt dem Kölner Bistum zugeordnet sind, auch wenn Nijmegen sich heute natürlich in den Niederlanden befindet (umgekehrt liegt Emmerich heute auf deutschem Gebiet, gehörte aber im Mittelalter zum Utrechter Bistum).

Incipiunt nomina iuratorum magistrorum et scolarium eidem vniuersitati in eadem rectoria ordine suo secundum formam iuramentorum prescriptorum et primo doctorum siue magistrorum in theologia:

IN primis magister Reginaldus, monachus monasterij de Alua, ordinis Cisterciensis, Parisiensis.
Magister Conradus de Soltou, canonicus Hildesymmensis, Pragensis.
Magister Wilhelmus de Fontibus, doctor Anglicus, Cantbergensis.
Mag. Matheus de Cracouia, doctor in sacra theologia Pragensis.
*Mag. **Marsilius de Inghen**, doctor in sacra theologia* ⎱ Heidelbergenses
Mag. Johannes Holczsadel, doctor in sacra theologia ⎰

Nomina doctorum et licenciatorum in altero iure.

Dominus Johannes van der Noyt, Cameracensis diocesis, Pragensis.
Magister Johannes de Colenhusen, in decretis licenciatus Pragensis.
*Mag. **Henricus de Angern**, licenciatus in decretis, magister in art., Prag.*
Dom. Fridericus Schovvart, licenciatus in decretis, Treuerensis, Prag.
***Gherardus Radinck de Gruinyngen**, doctor decretorum Pragensis.*

---

[1] Die Matrikel der Universität Heidelberg von 1386 bis 1662. Erster Teil von 1386 bis 1553, bearb. und hg. von Gustav TOEPKE, Heidelberg 1884, S. 1–14.
[2] Johann de WAL, Nederlanders, Studenten te Heidelberg, Leiden 1886, S. 1f.

Nomina doctorum et licenciatorum in medicina.
Mag. Hermannus de Huxaria, doctor in medicinis et magister in artibus.
Mag. Nycolaus Borrel, in artibus et in medicina doctor.
Magister Petrus de Brega, medicine doctor Paduanus et magister art. Pragensis.

Nomina magistrorum in artibus et baculariorum aliorum facultatum.
<u>*Magister Marsilius de Inghen, canonicus ecclesie s. Andree Colonyensis, Parisiensis.*</u>
Magister Heilmannus Wunnenbergh de Wormacia Pragensis.
Mag. Ditmarus de Swerthe Colon. dioc.
Mag. Fredericus de Soltzbach, Pragensis.
Mag. Bertoldus Dapifer de Dyeborch, Pragensis.
Mag. Albertus de Chelhem Bambergensis dioc., Pragensis.
Mag. Johannes de Heydelbergh, Pragensis.
Mag. Franco de Anstridono Leodiensis dioc., Parisiensis.
Mag. Baldewynus de Lewys, canonicus Bliwensis, Leodiensis dioc.
Albertus Korner, bachalarius in medicina Pragensis et baccal. in art.
Mag. Henricus de Dorsten, magister in art., can. eccl. s. Cuniberti Coloniensis.
Henricus de Dussel, baccal. in decretis et in artibus, Coloniensis dyoc.
Johannes Bersvort, magister in art., baccal. in legibus, Parisiensis, canonicus ecclesie s. Cuniberti Coloniensis.
Mag. Hartlenus de Marka, Wyennensis.
Mag. Johannes de Wormacia alias de Wachenhem, Pragensis.
Mag. Conrardus de Breytscheit.
Mag. Jacobus de Tulpeto, Pragensis.
Tylmannus de Cassel, magister in artibus.
Mag. Petrus Egidij de Andelyaco Rotomagensis dyoc. Parisiensis.
Mag. Bertoldus de Veyhinghen, licenciatus in medicinis et in art., Spir. dyoc.
Mag. Thomas de Hollandia Traiectensis dyoc. Parisiensis.
Mag. Heynricus de Wesalia Treuerensis dyoc. Parisiensis.
Mag. Petrus Geisbart de Wormacia, Pragensis.
Mag. Walterus Venedau, canonieus ecclesie s. Petri Leodiensis, magister Parisiensis et bachal. in medicina.
Mag. Gerardus Oistkirchen, canonicus in Cardono Treuerensis dioc, Prag.
Mag. Johannes de Boetzbach Maguntinensis dyoc. Pragensis.
Mag. Henricus Punt de Zweryn, Pragensis.
Mag. Bertoldus Suderdick de Ossenbrug, Pragensis.

Anhang II: Matrikelliste 81

Mag. Arnoldus de Haren, baccal. in medicina, Coloniensis dyoc. Prag.
Johannes de Vrsfelt, baccalarius in decretis Pragensis.
Mag. Paulus Prell de Dynckelsboel, Pragensis.
Mag. Nicolaus de Heylprunne, Pragensis.
Johannes Juuenis, baccalarius in decretis.
Mag. Dilmannus de Maguntia, baccal. in medicina, Pragensis.
Mag. Wolterus de Inghen, canonicus ecclesie s. Marie Traiectensis.
Mag. Hugo de Landauwe, canonicus .... ecclesie.
Mag. Nicolaus Burgman de Sancto Goare, Pragensis, decretorum baccalarius.
Mag. Hermannus Vleck de Colonia, Pragensis.
Mag. Johannes Heymersheymer de Altzeia, magister Pragensis.
Mag. Heinricus Lochner de Hoenstad, Pragensis.

Primus rectoratus magistri Marsilij de Inghen 17. Nouembris anno 1386 electi.

Dominus Temarus Tyman capellanus domini nostri ducis.
Johannes de Nouo lapide ⎱ canonici ecclesie s. Andree Wormaciensis
Otto de Nouo lapide ⎰
Dom. Nycholaus quondam Nycholai de Heydelberga, canonicus ecclesie s. Pauli Wormaciensis.
Dominus Ludouicus Seghelmanni, capellanus domini ducis.
Gerardus Vlamynch Traiectensis dioc.
Fr. Nycholaus Aleyns monasterij s. Bernardi super Scaldam ord. Cisterc. Camerac. dioc.
Jacobus de Reynderstede Cameracensis dioc.
Theodricus Manghelman Coloniensis dioc.
Dom. Hector de Santroya, bachal. in art., Traiect. dy.
Arnoldus Wale canonicus Traiectensis.
Franco de Vecht canonicus s. Saluatoris Traiectensis.
Hermannus Lochorst canonicus Traiectensis.
Heynricus Waluisch Traiectensis.
Johannes Ditteri de Heydelberga baccal. in art.
Wolterus de Inghen, can. eccl. s. Marie Traiectensis, baccal. in art.
Dominus Petrus de Boschusen, canonicus Leodiensis, bacal. in art.
Petrus de Amersfordia Traiect. dioc.
Wilhelmus de Weden.
Henricus Scoyc.
Christianus Moilner Traiect. dioc.
Petrus de Erp Colon. dioc. Iste alio nomine vocatur Vischen.

Petrus de Gruythuys
Arnoldus de Gruythuys
Kersilius de Gruythuys
Theodricus filius Gerardi de Keppel } *Traiectensis diocesis*

Jacobus Berneri de Nouymagio
Arnoldus Berneri de Nouymagio } Coloniensis

Johannes de Horst
Arnoldus Nycholai Rijc } *Leodiensis dioc.*

Johannes Vighe de Nouymagio Colon. dioc.
Dom. Johannes de Lemhem presbiter Wormac. dioc. } **baccalarij in art.**

Andreas de Nouoforo Eystet. dioc, capellanus in ecclesia s. Spiritus Wormac. dioc.
Paulus Sarwert capellanus altaris b. Marie virginis in eadem.
Conradus dictus Sander vicarius in hospitali Heydelbergensi.
Johannes dictus Vrolich clericus Heydelbergensis.
Martinus filius Conradi olim prothonotarij domini ducis Heydelbergensis.
Nycholaus Piscator de Heydelberga.
Sanderus de Geysmaria Maguntine dioc.
Johannes Willandi Heydelbergensis.
Henricus Ryderer de Miltenbergh Magunt. dioc. baccal. in art.
Johannes Zyberti de Heydelberga.

Petrus Carnificis
Weghelmannus Heynberc
Nycholaus Heynrici Institoris } de Heydelberga.
Hertlinus Sellatoris

Zyfridus de Venyen Spir. dioc.
Dom. Conradus Leberstuc, presbiter Heydelbergensis, rector altaris s. Jacobi.
Dom. Bertholdus Syghelmanni de Heydelberga.
Dom. Henricus de Heymbach, monachus monasterij de Sconogia, ord. Cisterc.
Altetus de Steenberghen, prepositus ecclesie Zutphaniensis, Traiect. dioc.
Sanderus in Gren nuwelant Traiect. dioc.
Henricus Mijs Colonyens. dioc.
Gunterus de Leye Treuer, dioc.
Ditmarus Blaze de Manher canonicus Zutphaniensis Traiect. dioc.
Gerardus Kerleken vicarius ecclesie s. Johannis Osnaburgensis.
Johannes Johannis de Zabern canonicus eccl. s. Pauli Wormaciensis.
Nycholaus de Zabern clericus Wormaciensis.
Judocus Institoris Wormaciensis.
Henricus Procuratoris Wormaciensis.
Heelmannus Heep de Laudenborgh Wormac. dioc.

Albanus filius Jacobi de Curia de Meuwen Leod. dioc.
Tilmannus Tyzelonis de Vritzlaria Magunt. dioc.
Hermannus Huzer de Hogenborgh Magunt. dioc.
Johannes Erckbach pastor in Reghelsheym.
Dom. Henricus de Broich canonicus s. Cuniberti Coloniensis.
Jacobus de Maguncia Maguntinensis.
Conradus Tyel de Spira Spirensis.
Johannes Computator de Vehyngen.
Nycholaus Lyebeler presbiter Spyrensis.
Nycholaus Gryes de Kyrchberg Maguntinus.
Johannes de Kochern Treuer, dioc.
Jacobus Apothecarij de Wormacia Wormaciens.
Hertmannus primissarius in Hencschosheym Wormac. dioc.
Theodricus Nycholai Traiect. dioc.
Johannes Scuchmari Magunt. dioc.
Conradus Quyddenboym ⎫
Nycholaus Scoenbroit ⎬ Maguntine diocesis.
Conrardus Frank de Luternbach ⎭
Henricus Bretheyn de Hilsbach Wormac. dioc. baccal. in art. p.
Johannes de Hauart canonicus b. Marie Traiectensis Leod. dioc.
Dom. Johannes Ratgebe presbiter Augustensis dioc,
Dom. Theodricus de Rees, can. eccl. s. Cuniberti Coloniensis. Nihil dedit.
Dom. Johannes Cosenheyn rector altaris b. Nycholai eccl. s. Petri Heydelberg.
Johannes Textoris de Gora Wratislauyensis dioc. p.
Conradus de Sunsheyn Spir. dioc.
Rodolphus de Beckynghen dioc. Magunt.
Johannes Wacker de Sunsheyn Spir. dioc.
Johannes Lonen de Heyndrich Leod. dioc.
Johannes de Bacharaco Treuer, dioc.
Johannes Friso Colon. dioc. p.
Arnoldus de Vbburgen Colon. dioc.
Thomas de Euerbacho ⎫
Henricus de Alba ⎪
Hugo de Vterina valle ⎪
Albertus de Molenbruyn ⎬ religiosi professi ord. Cisterc.
Albertus de Molenbruyn ⎪
Conradus de Heydeheym ⎪
Conradus de Stromeyher ⎭
Laurencius Altfail presbiter Leodiens. dyoc. de Agrisgrani p.

Bruno de Soerpensteyn
Godemannus de Tzoberheym } Maguntine diocesis.
Wyghelo de Tzoberheym
Johannes de Wasen militaris Magunt. dioc.
Syfridus Glaeser de Oscaphfenborgh cler. Magunt. dioc.
Dominus Raueno de Helmstat canonicus Spirensis.
Wernherus Vigilis de Durlacho dioc. Spir.
Johannes Heyden canonicus s. Andree Wormaciensis.
Engelhardus Petri Arnoldi de Heydelbergh.
Johannes filius Gudelmanni de Schrijshem Wormac. dioc.
Johannes Cononis de Heppenhem Magunt. dioc. baccal. in art.
Petrus filius rasoris de Lemheym.
Johannes
Petrus   } filij Truderi sculteti in Nosloch.
Johannes Petri Pistoris de Nosloch.
Henricus Ingrem Wormaciensis dioc.
Polandus Menteler
Vlricus Ghossolt } de Eslynga Constanc. dioc.
Hermannus de Kamenata
Johannes de Kamenata   } Colon. dioc.
Henricus de Camenata
Hermannus filii Thame Ywani de Gogh Colon. dioc.
Johannes filii Thame Ywani de Gogh Colon. dioc.
Gerlacus de Erpel
Johannes de Gusten dictus Reissen } **Colon. dioc.**
Johannes de Barborgh Maguntine dioc.
Petrus Ruelen Coloniensis baccal. in art.
Sanderus Tengnaghel Colonyens. dioc. p.
Johannes Dapiferi de Rijnhem Magunt. dioc.
Johannes Dyteri de Laudenborgh Wormac. dioc.
Eberhardus de Birstat Magunt. dyoc.
Petrus de Bacharaco Treuerens, dioc, alias dictus Hun.
Conradus Cosmannus de Etlynga canonicus Wormaciensis.
Erhardus de Etlynga Spir. dioc. p.
Lodouicus de Vendershem Magunt, dioc.
Johannes Sadelman de Wismaria p.
Johannes de Kern Magunt. dioc.
Bertholdus Wetsel de Boitsbach Magunt. dioc.
Johannes Haumeger de Francfordia Magunt. dioc. baccal. in art. p.

Anhang II: Matrikelliste

Johannes Gunters soyn de Bocum ⎫
Hermannus frater eiusdem ⎬ **Colon. dioc.**
Godefridus Herts de Maguncia Maguntinensis.
Wilhelmus natus Gerardi de Bochem Colon. dioc.
Johannes dictus Lichen de Templyn Brandeburg. dioc.
Hermannus de Weyhusen de Arnem Traiect. dioc.
Johannes Kyrperger de Diebach Treuer, dioc.
Conradus de Birkemoir Maguntine dioc. p.
Wernherus Rynow de Argentina Argentinensis.
Wernherus Mey de Furzhem Spir. dioc.
Henricus de Boitsbach Maguntine dioc.
Nycholaus de Fredebergh Magunt. dioc. baccal. in art.
Wilhelmus de Wye ⎫
Aitsardus Johannis de Tricht ⎬ *Traiect. dioc.*
Ghiselbertus Hac natus Andree Hac ⎭ *p.*
Conradus Oberkeyn de Brackenhem Wormac. dioc.
Johannes Tilonis de Welsteyn de Crucinaco Magunt. dioc.
Petrus Blenckener de Babelhusen Magunt. dioc.
Conradus Kircher Conradi de Weyda Spir. dioc.
Laurencius dictus Bocsbergh de Miltenbergh ⎫
Johannes dictus Neyfer de Benshem ⎬ Magunt. dioc. baccalarij in art.
Hermannus dictus Neyfer de Benshem ⎫
Johannes Carnifieis de Buervelde ⎪
Compertus Wildonghen ⎬ Maguntine dioc.
Petrus Wildonghen ⎭
Wynandus de Sittart rector eccl. parochialis de Guyle Leod. dioc. bacc. in art.

Von den insgesamt in der Liste aufgeführten 218 Personen kamen 74 aus der Kölner Kirchenprovinz. Nimmt man nur die unter dem ersten Rektorat des Marsilius inskribierten Studierenden als Maßstab, finden sich dort 165 Inskribierte, von denen 54 aus der Kölner Kirchenprovinz stammten. Zählt man zu diesen die 16 Lehrenden der Anfangszeit hinzu, vergrößert sich die Gesamtzahl auf 181 Inskribierte, wobei der Anteil jener aus der Kölner Kirchenprovinz dann 62 beträgt – das ist in beiden Fällen ca. ein Drittel.

Zählt man nur die Lehrenden (die Liste umfasst dabei diejenigen für den Zeitraum von 1386–1397), so erhält man ein Verhältnis von 53 zu 20. Blickt man nur auf die 16 Lehrenden der Gründungszeit, beträgt das Verhältnis aller zu denjenigen aus der Kölner Kirchenprovinz bzw. den heutigen Niederlanden 16 zu 8, was immerhin der Hälfte entspricht. Damit kann gezeigt werden, dass zumindest zu Anfang der Anteil der Lehrenden aus der Heimatregion des Marsilius besonders hoch war; auch unter den Studierenden ist der Anteil mit einem Drittel signifikant.

Interessant wäre ein Vergleich mit den folgenden Rektoraten, wobei eine genaue Analyse der neun Rektorate des Marsilius und der anderen Rektoren unter Berücksichtigung von deren Herkunftsregionen sehr aufschlussreich sein könnte. Hierzu wäre das geplante Datenbankprojekt des Heidelberger Universitätsarchivs äußerst hilfreich.

Der Niederrhein in der Universitäts- und Philosophiegeschichte des Spätmittelalters

Harald Berger

Schon Gerhard Ritter hat in der ersten seiner Studien zur Spätscholastik vor hundert Jahren, 1921, festgestellt, dass der Niederrhein als Herkunftsgebiet von Mitgliedern der sog. Englischen Nation der Pariser Artistenfakultät besonders hervorsticht[1].

Diesen allgemeinen Befund Ritters kann ich aus meiner Forschung mit etlichen Einzelfällen bestätigen und näher ausführen: Die berühmte Pariser Philosophie des 14. Jahrhunderts, mit Johannes Buridan als Nestor und Galionsfigur, ist inzwischen bis einschließlich Marsilius von Inghen, dem nachmaligen Gründungsrektor der Universität Heidelberg, gut erforscht. Sogar dessen Lehrer Wilhelm Buser von Heusden hat als Verfasser eines Obligationen-Traktats, Paris 1360, inzwischen einige Beachtung gefunden[2]. Das Incipit dieses Werks, *Ob rogatum*

---

[1] Gerhard RITTER, Studien zur Spätscholastik I. Marsilius von Inghen und die okkamistische Schule in Deutschland (Sitzungsberichte der Heidelberger Akademie der Wissenschaften. Philos.-hist. Kl., Jg. 1921, 4. Abh.), Heidelberg 1921, Nachdr. Frankfurt/Main 1985, S. 8f.

[2] Graziella FEDERICI VESCOVINI, A la recherche du mystérieux Buser, in: English Logic and Semantics, hg. von H. A. G. BRAAKHUIS/C. H. KNEEPKENS/L. M. DE RIJK (Artistarium, Supplementa 1), Nijmegen 1981, S. 443–457; C. H. KNEEPKENS, The Mysterious Buser Again: William Buser of Heusden and the «Obligationes» Tract «Ob rogatum», in: English Logic in Italy in the 14th and 15th Centuries, hg. von Alfonso MAIERÙ (History of Logic 1), Napoli 1982, S. 147–166; Olga WEIJERS, Le travail intellectuel à la Faculté des arts de Paris: textes et maîtres (ca. 1200–1500), Fasz. 3 (Studia Artistarum 6), Turnhout 1998, S. 107f. (mit weiterer Literatur). Edition des Traktats in: Lorenzo POZZI, La coerenza logica nella teoria medioevale delle obligazioni. Con l'edizione del trattato «Obligationes»

quorundam meorum dilectorum sociorum, lautet ähnlich wie das der berühmten *Sophismata* des Albert von Sachsen[3], Paris 1350er Jahre, was wohl kein Zufall ist. Der Ort Heusden war übrigens ein Streitfall zwischen der Pikardischen und der Englischen Nation, Buser selbst fühlte sich eher der *natio Anglicana* (der ja u.a. auch die Deutschen und zum Teil die Holländer angehörten) zugehörig[4]. Marsilius hatte am 27. September 1362 unter Wilhelm Buser die Inceptio absolviert[5], die beiden vorgängigen Graduierungsstufen sind leider nicht dokumentiert, da im Prokuratorenbuch der Englischen Nation mindestens ein Blatt mit den Aufzeichnungen von Februar bis September 1362 fehlt. Wilhelm und Marsilius waren auch Rektoren der Universität Paris[6].

di Guglielmo Buser, Parma 1990. Studien dazu: Graziella FEDERICI VESCOVINI, „Arti" e filosofia nel secolo XIV, Firenze 1983, S. 45–56; C. H. KNEEPKENS, Willem Buser of Heusden's Obligationes-Treatise „Ob rogatum", in: Argumentationstheorie, hg. von Klaus JACOBI (Studien und Texte zur Geistesgeschichte des Mittelalters 38), Leiden/New York/Köln 1993, S. 343–362; Hajo KEFFER, *De Obligationibus*, Leiden/Boston/Köln 2001, S. 285 (Index). Zu einem unbekannten Fragment des Werks siehe Harald BERGER, A Final Word on the Manuscript Tradition of Albert of Saxony's *Logica*, in: Cahiers de l'Institut du Moyen-Âge grec et latin 89 (2020), S. 51–100, hier S. 76f., Nr. 20.

[3] Vgl. z.B. Harald BERGER, Art. Albert von Sachsen, in: Die deutsche Literatur des Mittelalters. Verfasserlexikon, 2. Aufl., hg. von Burghart WACHINGER, Bd. 11, Berlin/New York 2004, Sp. 39–56, hier Sp. 51f., Nr. 3.

[4] Auctarium chartularii Universitatis Parisiensis, Bd. 1, hg. von Henricus DENIFLE/Aemilius CHATELAIN, Paris 1894, Sp. 219, Z. 45, bis Sp. 220, Z. 36. Im Folgenden abgekürzt als „ACUP I". – Zu diesem Grenzstreit von 1357, in den auch der berühmte Johannes Buridan involviert war, siehe ebd., Sp. 212, Z. 30, bis Sp. 218, Z. 26, mit Karte. Vgl. z.B. Bernd MICHAEL, Johannes Buridan: Studien zu seinem Leben, seinen Werken und zur Rezeption seiner Theorien im Europa des späten Mittelalters, Dissertation, Freie Universität Berlin, 1985, Bd. 1, S. 198–200, mit weiterer Literatur.

[5] ACUP I, Sp. 272, Z. 4–5.

[6] Stephanie SECHLER, Rectors of the 14th Century University of Paris: An Institutional and Prosopographical Study, Dissertation, University of Wisconsin, Madison, 1997, S. 114–116 u. 165–167.

Der Niederrhein in der Universitäts- und Philosophiegeschichte 89

Marsilius ist dann bis Mai 1377 an der Pariser Artistenfakultät belegt, *cum esset iturus ad curiam Romanam*[7]. Mit Marsilius (aus Nijmegen) und Wilhelm (aus Heusden) sind also zwei erste Beispiele für Gelehrte aus unserem (erweiterten) Untersuchungsgebiet gegeben. Es war an den mittelalterlichen Universitäten übrigens üblich, dass Studenten Graduierungsleiter aus ihrer Heimatregion wählten[8].

Für die Zeit nach Marsilius, d.i. ab den späteren 1370er Jahren, verebbt jedoch das Forschungsinteresse, obwohl es weiterhin beachtliche Gelehrte gab. Hinderlich für die Forschung ist auch der Verlust eines ganzen Bandes der Aufzeichnungen der Englischen Nation, der die Jahre 1383 bis 1392 dokumentierte, siehe dazu unten bei Johannes de Hokelem.

Ein anderer Absolvent jenes Wilhelm Buser ist Thomas de Cleve (bzw. de Clivis) Coloniensis dyocesis, der Anfang 1364 determinierte und als *pauper* um Stundung der Gebühr ersuchte[9]. Die beiden weiteren Graduierungsstufen sind auch bei ihm leider nicht belegt, Ende 1368 wird er jedenfalls explizit als „magister" bezeichnet[10]; er wird wohl 1365 Magister geworden sein. Er stammt also aus Kleve und hat den Familiennamen „Zeghenans" bzw. „Zeghenandi" geführt[11]. Er ist bis 1375 an der Universität Paris belegt, ist somit ein Zeitgenosse und Kollege des Marsilius. Der *Liber procuratorum Nationis Anglicanae* überliefert z.B. ein Zusammentreffen von Marsilius von Inghen, Thomas von Kleve, Hugo von Hervorst und anderen anlässlich der Verteilung der Schulen im Jahre 1373[12]. Dann taucht Thomas in Wien auf, als Schulmeister von St. Stephan, noch vor der Reorganisation der

---

[7] ACUP I, Sp. 519, Z. 4–10.
[8] ACUP I, S. XXIX; Mineo TANAKA, La nation anglo-allemande de l'Université de Paris à la fin du Moyen Age (Mélanges de la Bibliothèque de la Sorbonne 20), Paris 1990, S. 168.
[9] ACUP I, Sp. 293, Z. 39, bis Sp. 294, Z. 5, u. Sp. 294, Z. 10–13.
[10] ACUP I, Sp. 323, Z. 17–21.
[11] Rotuli Parisienses. Supplications to the Pope from the University of Paris, Bd. 2, hg. von William J. COURTENAY/Eric D. GODDARD, Leiden/Boston 2004, S. 315 u. 441f. Vgl. Stephen READ, Thomas of Cleves and Collective Supposition, in: Vivarium 29 (1991), S. 50–84, hier S. 61 u. Anm. 32.
[12] ACUP I, Sp. 430, Z. 7–41.

1365 gegründeten Universität im Jahre 1384, später (1391) ist er auch in Köln bezeugt. Er starb 1412 als Kanoniker von Kleve[13]. Er darf nicht verwechselt werden mit dem jüngeren Thomas von Kleve, der ab 1383 als Artist und Theologe an der Universität Wien belegt ist und vielleicht ein Neffe des Älteren war. Thomas von Kleve d. Ä. ist als Lehrer und als Gelehrter gleichermaßen bemerkenswert: Einige seiner Pariser Studenten sind nachmals selbst zu Bedeutung gelangt, neben Hugo von Hervorst (aus Rees, zu ihm siehe unten) besonders Heinrich Odendorp von Köln sowie Paul (Fabri) von Geldern und Lambert (Sluter) von Geldern, alle aus der engeren Heimatregion des Thomas. Hugo von Hervorst hat seine akademische Karriere offenbar auf Paris beschränkt und dann sehr erfolgreich seine kirchliche Karriere in seiner Heimat (besonders in Köln und Xanten) betrieben. Die anderen drei sind aber wie ihr Lehrer auch in Wien und an weiteren Universitäten (Köln z.B., gegr. 1388) tätig gewesen[14]. Neben den Theologen Heinrich von Langenstein und Heinrich Totting von Oyta war es besonders der Jurist Heinrich von Odendorf[15], dem die Universität Wien ihr schnell und stark ansteigendes Ansehen ab 1384 verdankte.

[13] Paul UIBLEIN, Die Universität Wien im Mittelalter. Beiträge und Forschungen, hg. von Kurt MÜHLBERGER/Karl KADLETZ (Schriftenreihe des Universitätsarchivs Universität Wien 11), Wien 1999, S. 42f.; READ, Thomas of Cleves and Collective Supposition, bes. S. 56–62; Concepts. The Treatises of Thomas of Cleves and Paul of Gelria, hg. von Egbert BOS/Stephen READ (Philosophes médiévaux 42), Louvain-la-Neuve/ Louvain/Paris/Sterling, Virginia, 2001, bes. S. 15–18; Olga WEIJERS/ Monica B. CALMA, Le travail intellectuel à la Faculté des arts de Paris: textes et maîtres (ca. 1200–1500), Fasz. 9 (Studia Artistarum 33), Turnhout 2012, S. 165f.
[14] Acta Facultatis artium Universitatis Vindobonensis 1385–1416, hg. von Paul UIBLEIN (Publikationen des Instituts für Österreichische Geschichtsforschung, VI. Reihe, 2. Abt.), Graz/Wien/Köln 1968, S. 519 (Henricus de Odendorf); S. 543 (Lambertus de Gelria); S. 554 (Paulus de Gelria).
[15] Annamaria EMILI, Art. Henricus de Odendorf, in: Compendium Auctorum Latinorum Medii Aevi (500–1500), Bd. 5, Fasz. 4, Firenze 2016, S. 481f.; Harald BERGER, Zu den Philosophica in den mittelalterlichen

Von Paul von Geldern[16] gibt es wie von Thomas von Kleve eine Abhandlung über Begriffe (*de conceptibus*)[17], und insbesondere ist er inzwischen als bedeutender Schreiber erkannt, nämlich nicht nur des Privilegs Herzog Albrechts III. von Österreich für die Universität Wien von 1384[18], sondern auch etlicher Codices Amploniani[19]. Außerdem ist das Programm einer sog. Prinzipien-Disputation, in dem u.a. Paul von Geldern und Lambert von Geldern mit je vier Quästionentiteln vertreten sind, bekannt[20]. Die Akten der Theologischen Fakultät

Seckauer Handschriften der Universitätsbibliothek Graz, in: Libri Seccovienses, hg. von Thomas CSANÁDY/Erich RENHART, Graz 2018, S. 65–82, hier S. 76f.; Harald BERGER, Das Stift Seckau und die Universität Wien im Mittelalter, in: Künstliche Intelligenz in Bibliotheken, hg. von Christina KÖSTNER-PEMSEL/Elisabeth STADLER/Markus STUMPF (Schriften der Vereinigung Österreichischer Bibliothekarinnen und Bibliothekare 15), Graz 2020, S. 353–366, hier S. 357f. Kurze Erwähnungen auch bei Erich MEUTHEN, Kölner Universitätsgeschichte, Bd. 1: Die alte Universität, Köln/Wien 1988, S. 129 u. 131.

[16] Maria SOKOLSKAYA, Paul von Geldern – Ein Wiener Universitätstheologe aus dem Ende des 14. Jahrhunderts, in: Jahrbuch für mitteldeutsche Kirchen- und Ordensgeschichte 8 (2012), S. 193–236.

[17] Concepts, hg. von BOS/READ.

[18] Christian LACKNER, Diplomatische Bemerkungen zum Privileg Herzog Albrechts III. für die Universität Wien vom Jahre 1384, in: Mitteilungen des Instituts für Österreichische Geschichtsforschung 105 (1997), S. 114–129; Christian LACKNER, Möglichkeiten und Perspektiven diplomatischer Forschung. Zum Privileg Herzog Albrechts III. für die Universität Wien vom Jahr 1384 (Stabwechsel 4), Wien/Köln/Weimar 2013.

[19] Brigitte PFEIL, Das „Matrjoschka-Prinzip". Büchersammlungen von Gelehrten und Universitätslehrern des 14. Jahrhunderts im Bestand der Erfurter „Bibliotheca Amploniana", in: Mitteldeutsches Jahrbuch für Kultur und Geschichte 19 (2012), S. 31–47; Harald BERGER, Bibliotheca Amploniana Erfordensis. Zu einigen Verfassern, Schriften, Schreibern und Vorbesitzern von und in amplonianischen Handschriften, in: Jahrbuch für mitteldeutsche Kirchen- und Ordensgeschichte 11 (2015), S. 311–333, hier S. 323f.

[20] SOKOLSKAYA, Paul von Geldern, S. 234–236. Vgl. auch Michael H. SHANK, „Unless You Believe, You Shall Not Understand". Logic, University, and Society in Late Medieval Vienna, Princeton, New Jersey, 1988, S. 35–39 u. 207–209.

der Universität Wien beginnen am 25. April 1396 mit dem Dekan Paulus de Gelria[21].

Von Lambert von Geldern gibt es etliche Kommentare zu biblischen Büchern[22], auch zu seinen *principia* zur Sentenzenvorlesung ist einiges bekannt[23]. Es hat von ihm wie von Heinrich von Hessen, Heinrich von Oyta und drei weiteren Theologieprofessoren in Wien eine gemalte Grabtafel gegeben[24].

Zurück zu Thomas von Kleve als Autor: Es gibt von ihm, wie gesagt, eine Abhandlung über Begriffe[25], während Werke über die Kunst des Predigens sowie über theologische Materien eines Thomas de Clivis[26] wohl vom Jüngeren stammen, der ja Theologe war[27]. Am interessantesten ist der Ältere aber durch ein leider verlorenes, jedenfalls trotz großer Anstrengungen von Stephen Read und Egbert Peter Bos noch nicht identifiziertes logisches Werk: Sein Name verbindet sich mit einem speziellen Begriff der spätscholastischen Logik, nämlich dem der *suppositio collectiva*, welcher das Interesse der jüngeren Forschung an Thomas ausgelöst hat. Da Thomas im Spätmittelalter in dieser und auch in anderen logischen Hinsichten oft zitiert wird, konnte Bos immerhin eine beachtliche Sammlung von Testimonien vorlegen[28].

---

[21] Die Akten der Theologischen Fakultät der Universität Wien (1396–1508), hg. von Paul UIBLEIN, 2 Bde., Wien 1978, Bd. 1, S. 1.
[22] Fridericus STEGMUELLER, Repertorium Biblicum Medii Aevi, Bd. 3, Madrid 1951, 2. Aufl. 1981, S. 511–515, Nr. 5345–5364.
[23] Vgl. Anm. 20.
[24] Die Akten der Theologischen Fakultät der Universität Wien, Bd. 1, S. 140: *de tabulis pictis epitaffiorum antiquorum doctorum*.
[25] Vgl. Concepts, hg. von BOS/READ.
[26] READ, Thomas of Cleves, S. 62–67.
[27] Zu Paul von Geldern und Thomas von Kleve d. J. wird es Beiträge geben in: The Rise of Academic Debates at the Beginning of the Faculty of Theology in Vienna, hg. von Monica BRÎNZEI. Zum Debate-ERC-Projekt siehe im Internet unter https://debate-erc.com.
[28] E. P. BOS, Logica modernorum in Prague about 1400 (Studien und Texte zur Geistesgeschichte des Mittelalters 82), Leiden/Boston 2004, S. 435–452, Appendix I.1 u. I.2.

Aus Kleve kommt übrigens auch Jordanus Wange, der im *Auctarium chartularii Universitatis Parisensis* besonders häufig vorkommt[29] und dann zu den allerersten Mitgliedern der neuen Universität Köln zählte[30]. Im April 1378, kurz nach dem Tod des Papstes und kurz vor dem Schisma, wurde er von der Englischen Nation der Pariser Artistenfakultät zusammen mit Hugo von Hervorst und anderen zum *inrotulator* gewählt, *nuntius rotuli mittendi ad papam creandum* wurde Gerhard von Kalkar[31].

Thomas von Kleve d. Ä. war in der Zeit von 1364 bis 1375 offenbar nicht durchgängig in Paris zugegen, so dass z.b. Hugo von Hervorst aus Rees nicht alle drei Graduierungsstufen unter ihm absolvieren konnte, sondern die erste (determinatio) 1372 unter Mag. Gerhard von Kalkar stattfand. Kalkar ist zwischen Rees und Kleve gelegen, alle drei Städte liegen sehr nahe beieinander, so dass im Falle von Hugo von Hervorst das Herkunftsgebiet von Student und Lehrern besonders eng ist. Geldern, das auch schon genannt wurde, liegt südlich davon[32]. Und auch Goch ist sehr nahe, aus welcher Stadt ebenfalls einige Pariser Magister stammten[33].

[29] ACUP I, S. 968 (Index). Ebd., Sp. 310, Z. 6–9: Determination unter Marsilius von Inghen i. J. 1365, dann fehlen die Aufzeichnungen bis Juni 1368 (Sp. 312, Z. 12).

[30] Franz Joseph VON BIANCO, Die alte Universität Köln, Bd. 1, 2. Aufl., Köln 1855, Neudruck Aalen 1974, S. 87.

[31] ACUP I, Sp. 538, Z. 47, bis Sp. 539, Z. 28; vgl. ebd., S. LXV–LXXVII, und Rotuli Parisienses, Bd. 3/1, hg. von William J. COURTENAY/Eric D. GODDARD, Leiden/Boston 2013, S. 13–19, wo auch Marsilius von Inghen genannt wird (S. 14), der schon in Rom bzw. Tivoli weilte.

[32] Sehr nützlich sind die Karten in: Irmgard HANTSCHE, Atlas zur Geschichte des Niederrheins (Schriftenreihe der Niederrhein-Akademie 4), Bottrop/Essen 1999, 5. Aufl. 2004; 2. Bd. (Schriftenreihe der Niederrhein-Akademie 8), Bottrop 2008. Gleich die erste Karte in Bd. 1, S. 19, bietet einen sehr guten Rahmen für meine Ausführungen hier.

[33] ACUP I, S. 968 (Coc), S. 973 (Goch), S. 978 (Koc); vgl. ebd., S. XXXVIII, XXXIX, XLII: Pariser Studenten aus Goch an anderen Universitäten (sc. Montpellier, Bologna, Heidelberg). – Ebd., Sp. 223, Z. 1–3, zum Jahr 1357, ist z.B. die Inceptio eines Conrardus (!) de Goch unter einem Mag. Henricus de Goch belegt. Zu Goch siehe auch unten, bei Anm. 57 und in

Gerhard Kijcpot von Kalkar[34] (Paris, Wien, Köln) muss auch ein bedeutender Mann gewesen sein, da ihn der österreichische Theologe und Historiker Thomas Ebendorfer von Haselbach (1388–1464) zusammen mit Heinrich von Langenstein, Heinrich von Oyta und Konrad von Ebrach zu den herausragenden Theologen der Frühzeit der Universität Wien zählt[35]; Albert von Sachsen und Thomas von Kleve (d. Ä.) bezeichnet er übrigens als berühmte Begründer der Artes-Studien in Wien. Gerhard gehörte auch zu den ersten Mitgliedern des Wiener Collegium ducale[36]. Im Verzeichnis der ersten Mitglieder der neuen Universität Köln steht er an erster Stelle[37] und am 6. Januar 1389 hielt er in Köln die feierliche Ansprache zur Eröffnung der theologischen Vorlesungen[38]. Von seinen Schriften scheint nicht viel erhalten zu sein, nur ein Brief vom 9. April 1388 aus Köln an Heinrich

Anm. 74. – Auch „Colonia, de" (S. 968), „Xantis, de" (S. 991) usw. kommen im ACUP I, S. 963–991 (Index), vor.

[34] Franz Kard. EHRLE, Der Sentenzenkommentar Peters von Candia, des Pisaner Papstes Alexanders V. (Franziskanische Studien, Beiheft 9), Münster in Westf. 1925, S. 42–44 mit Anm. 2., wo auch der „wunderliche" Name „Kickpott" erklärt wird, vgl. auch S. 361 (Register). Siehe z.B. auch William J. COURTENAY, From Studia to University. Cologne in the Fourteenth Century, in: Wissenschaft mit Zukunft. Die ‚alte' Kölner Universität im Kontext der europäischen Universitätsgeschichte, hg. von Andreas SPEER/Andreas BERGER (Studien zur Geschichte der Universität Köln 19), Köln/Weimar/Wien 2016, S. 33–50, zu Gerhard S. 38f. u.ö.

[35] UIBLEIN, Die Universität Wien, S. 42, Anm. 147.

[36] Wolfgang Eric WAGNER, Universitätsstift und Kollegium in Prag, Wien und Heidelberg (Europa im Mittelalter 2), Berlin 1999, S. 119 u.ö.

[37] VON BIANCO, Die alte Universität Köln, S. 87.

[38] VON BIANCO, Die alte Universität Köln, S. 86; EHRLE, Der Sentenzenkommentar Peters von Candia, S. 43, Anm. 2; MEUTHEN, Kölner Universitätsgeschichte, Bd. 1, S. 57 mit Anm. 47 auf S. 465f.; Frank REXROTH, Wahr oder nützlich? Epistemische Ordnung und institutionelle Praxis an den Universitäten des 13. und 14. Jahrhunderts, in: Wissenschaft mit Zukunft, hg. von SPEER/BERGER, S. 87–114, hier S. 91–94, § 2.

von Langenstein in Wien[39]. Bezeugt ist er auch in den Sentenzenvorlesungen von Peter von Candia und Peter Plaoul[40]. Eine Wien betreffende Notiz habe ich in einem Codex Latinus Monacensis gefunden:

Ista erat quaestio reverendi patris baccellarii Abek[41], quando legebat in Wienna et respondebat magistro Gerhardo Kalkar: Utrum productio ad extra creaturarum temporaliter praesupponat emanationem divinarum personarum aeternaliter.[42]

Heute bekannter ist Heinrich Egher von Kalkar (1328–1408), der ebenfalls in Paris studierte[43], später Kartäuser wurde und hauptsächlich Schriften zum geistlichen und klösterlichen Leben sowie Briefe hinterließ[44]. Interessant ist Heinrich auch wegen seiner Mitteilungen über Johannes Buridan[45].

[39] Edition in: Georg KREUZER, Heinrich von Langenstein (Quellen und Forschungen aus dem Gebiet der Geschichte, N. F., Heft 6), Paderborn/München/Wien/Zürich 1987, S. 239–242, Beilage 1.
[40] EHRLE, Der Sentenzenkommentar Peters von Candia, S. 42, 44, 61; William J. COURTENAY, Theological Bachelors at Paris on the Eve of the Papal Schism. The Academic Environment of Peter of Candia, in: Philosophy and Theology in the Long Middle Ages, hg. von Kent EMERY, Jr./ Russell L. FRIEDMAN/Andreas SPEER (Studien und Texte zur Geistesgeschichte des Mittelalters 105), Leiden/Boston 2011, S. 921–952, hier S. 947 u. 949; Jeffrey C. WITT, Peter Plaoul and Intuitive Knowledge, in: Philosophical Psychology in Late-Medieval Commentaries on Peter Lombard's *Sentences*, hg. von Monica BRÎNZEI/Christopher D. SCHABEL (Rencontres de Philosophie Médiévale 21), Turnhout 2020, S. 81–102, hier S. 89–91.
[41] Dieser Mann scheint unbekannt zu sein.
[42] München, Bayerische Staatsbibliothek, Clm 4385, Bl. 29v. Vgl. Harald BERGER, Which Hugo? This One! Hugo de Hervorst, in: Vivarium 58 (2020), S. 89–110, hier S. 92, Anm. 16, wo die Stelle aber nicht vollständig wiedergegeben ist.
[43] ACUP I, S. 977 (Index).
[44] Heinrich RÜTHING, Der Kartäuser Heinrich Egher von Kalkar 1328–1408 (Veröffentlichungen des Max-Planck-Instituts für Geschichte 18 = Studien zur Germania Sacra 8), Göttingen 1967.
[45] RÜTHING, Der Kartäuser Heinrich Egher von Kalkar, S. 56, 80, 130, 173. Vgl. dazu MICHAEL, Johannes Buridan, Bd. 1, S. 196f., 236, 287.

Natürlich sind niederrheinische Gelehrte nicht nur an der Universität Paris hervorgetreten, diese war aber unstrittig das akademische Zentrum der lateinischen Christenheit des Mittelalters. Ich nenne hier bewusst nur zwei weniger bekannte Beispiele: Heinrich von Coesfeld, *magister artium Pragensis* von 1384, hat einen Kommentar zum einflussreichen *Speculum puerorum*, inc. *Terminus est in quem*, des Richard Billingham verfasst, der in zwei Handschriften in Erfurt und Krakau erhalten ist[46]. Der anonyme Petrus-Hispanus-Kommentar im selben Erfurter Codex, den Amplonius[47] in

---

[46] Egbert P. BOS, Richard Billingham's *Speculum puerorum*, Some Medieval Commentaries and Aristotle, in: Vivarium 45 (2007), S. 360–373, bes. S. 361f., Nr. 2; Egbert Peter BOS, Henricus de Coesfeldia as Commentator of Richard Billingham's *De probationibus terminorum*, in: Portraits de maîtres offerts à Olga Weijers, hg. von Claire ANGOTTI/Monica BRÎNZEI/Mariken TEEUWEN (Textes et Études du Moyen Âge 65), Porto 2012, S. 217–232; D. YOCUM, Art. Henricus de Coesveldia, in: Compendium Auctorum Latinorum Medii Aevi (500–1500), Bd. 5, Firenze 2017, S. 372f.
– Egbert Bos und Joke Spruyt haben über Heinrichs Kommentar auf der Tagung „Proofs of Propositions in 14th-Century Logic", St Andrews, 23.–24. Mai 2017, organisiert von Stephen Read und Mark Thakkar, vorgetragen. In der Diskussion habe ich auf die damals noch nicht bekannte Prager Affiliation Heinrichs hingewiesen. Bos und Spruyt wollten weitere Teile des Kommentars Heinrichs edieren. – Es scheint mir sehr fraglich, ob der Kartäuser Heinrich von Coesfeld (vgl. zu diesem auch RÜTHING, Der Kartäuser Heinrich Egher von Kalkar, S. 287, Register), mit diesem Prager Magister identisch ist; vgl. auch schon F. J. WORSTBROCK, Art. Heinrich von Coesfeld, in: Die deutsche Literatur des Mittelalters. Verfasserlexikon, 2. Aufl., Bd. 11, hg. von Burghart WACHINGER, Berlin/New York 2004, Sp. 616–623, hier Sp. 618.
[47] Der berühmte Büchersammler Amplonius Rating de Bercka (Prag, Köln, Erfurt, Köln, gest. 1435 ebd.), auf den die Erfurter Bibliotheca Amploniana zurückgeht, stammt ebenfalls aus unserem Untersuchungsgebiet, nämlich aus Rheinberg (lat. Bercka), seine Familie ursprünglich aus Ratingen. Siehe z.B. Almuth MÄRKER, Amplonius Rating de Bercka (ca. 1365 – 1435) und die Anfänge der Erfurter Universität, in: Große Denker Erfurts und der Erfurter Universität, hg. von Dietmar VON DER PFORDTEN, Göttingen 2002, S. 73–95, hier S. 73.

seinem Katalog von 1412 ebenfalls dem Magister Henricus de Coesfeldia zugeschrieben hat, ist offenbar vielmehr ein weiterer Textzeuge des Kommentars von Johannes de Hokelem, siehe unten. Allerdings ist auch der Billingham-Kommentar nur von Amplonius dem Heinrich zugeschrieben, beide Handschriften sind anonym, so dass die Autorschaft mit einem Fragezeichen zu versehen ist.

Rudegerus Dole von Roermond († 1409), *magister artium Viennensis* von 1385 oder 1386, hat einen Aristoteles-Kommentar hinterlassen[48] und war auch Mitglied der Wiener Theologischen Fakultät sowie des Domkapitels[49].

Um nun wieder auf Marsilius und sein engeres Umfeld an der Pariser Artistenfakultät zurückzukommen: Ich habe schon andernorts auf einen bemerkenswerten Pariser Magister des letzten Drittels des 14. Jahrhunderts hingewiesen[50], Johannes de Hokelem, an der Pariser Artistenfakultät, Englische Nation, belegt von 1370 bis 1385, dann 1392 (?) in Gorinchem. Das *quartum registrum nationis Anglicanae* endet mit einem Eintrag von 1383 betreffend Johannes Hokelem[51], der fünfte Band ist leider verloren, so dass ein ganzes Dezennium in den Aufzeichnungen fehlt, die im sechsten Band erst wieder mit April 1392

---

[48] Miecislaus MARKOWSKI, Repertorium commentariorum medii aevi in Aristotelem Latinorum quae in Bibliotheca Amploniana Erffordiae asservantur, Wrocław/Warszawa/Kraków/Gdańsk/Łódź 1987, S. 53, Nr. 26 (Cod. Ampl. Q. 302, Bl. 11ra–181va, Wien 1395). Vgl. Charles H. LOHR, Latin Aristotle Commentaries, I.2 (Unione Accademica Nazionale. Corpus Philosophorum Medii Aevi, Subsidia 18), Firenze 2010, S. 145f.

[49] Acta Facultatis artium Universitatis Vindobonensis, S. 560f. (Register); Die Akten der Theologischen Fakultät der Universität Wien, Bd. 2, S. 696 (Register); Hermann GÖHLER, Das Wiener Kollegiat-, nachmals Domkapitel zu St. Stephan in Wien 1365–1554, Dissertation, Universität Wien 1932, hg. von Johannes SEIDL/Angelika ENDE/Johann WEIßENSTEINER, Wien/Köln/Weimar 2015, S. 216f., Nr. 87, wo auch nach Joseph Aschbach *Commentarii in librum Iob* genannt werden.

[50] Harald BERGER, Zur Pariser Philosophie des Spätmittelalters und ihrer zeitgenössischen Rezeption, in: Bulletin de Philosophie Médiévale 57 (2015), S. 265–325, hier S. 301–305 u.ö.

[51] ACUP I, Sp. 660, Z. 34–37.

einsetzen[52]. Johannes muss 1350 oder 1351 geboren sein, da er 1385 im Zusammenhang mit der sog. Blanchard-Affäre[53] als *aetatis xxxiiij annorum vel circa* bezeichnet wird[54]. Ich nehme an, dass „Hokelem" (so die von Johannes selbst als Prokurator der Englischen Nation dreimal verwendete Namensform) den Ort Heukelum meint, der nahe Gorinchem liegt. Es war ja üblich, dass Magister nach ihrer auswärtigen Karriere in ihre Heimat zurückstrebten, und Johannes war nach seiner Pariser Karriere offenbar an einer Schule in Gorinchem tätig[55]. (Leider scheint über Schulen in Gorinchem nichts bekannt zu sein, auch Antonius Gerardus Weiler konnte in seiner Monografie über Heinrich von Gorkum offenbar nichts Näheres eruieren[56].) Allerdings ist im *Repertorium Academicum Germanicum* ein Dietrich de Hoekelem nachweisbar, der 1402 in *Goch* geboren wurde, an der Universität Köln studierte und schon 1432 starb[57], so dass es auch eine Verbindung jenes Namens mit Goch geben könnte. Da es mehrere ähnliche Ortsnamen gibt (Huckelheim usw.) und „Johannes" der mit Abstand häufigste Vorname jener Zeit ist, ist eine eindeutige Bestimmung entsprechend schwierig. Die genannte Nähe von Heukelum und Gorinchem ist m. E. aber doch eine gewisse Bekräftigung meiner Annahme. Ganz in der Nähe ist übrigens auch Acquoy, woher ein weiterer bemerkenswerter Pariser Magister des späteren 14. Jahrhunderts stammt, Christianus de Ackoy (Paris, Heidelberg, Köln)[58]. – Mitglieder der Universitäten Paris, Erfurt, Heidelberg und Köln gleichen oder

---

[52] ACUP I, Sp. 660f., Anm. 5; TANAKA, La nation anglo-allemande, S. 279; BERGER, Zur Pariser Philosophie, S. 265.
[53] Siehe dazu Alan E. BERNSTEIN, Pierre d'Ailly and the Blanchard Affair (Studies in Medieval and Reformation Thought 24), Leiden 1978.
[54] BERGER, Zur Pariser Philosophie, S. 302.
[55] Vgl. BERGER, Zur Pariser Philosophie, S. 302f., nach dem Kolophon einer Utrechter Handschrift, vgl. ebd., S. 304.
[56] Antonius Gerardus WEILER, Heinrich von Gorkum († 1431). Seine Stellung in der Philosophie und der Theologie des Spätmittelalters, Hilversum/Einsiedeln/Zürich/Köln 1962, S. 17.
[57] RAG, im Internet unter https://rag-online.org, s. n.
[58] BERGER, Zur Pariser Philosophie, S. 274f. u.ö.

ähnlichen Namens, nämlich „Johannes de Hokelem", wurden aber bislang sicher vorschnell identifiziert[59]. Von diesem Pariser Magister Johannes de Hokelem sind etliche Sophismata und ein Petrus-Hispanus-Kommentar überliefert sowie ein Aristoteles-Kommentar bezeugt[60]. Ich kann inzwischen neue Handschriftenfunde zu diesem Autor (die Identität vorausgesetzt) vermelden: Der umfangreiche Kommentar zu den ersten fünf der zwölf *Tractatus* des Petrus Hispanus ist nach Erfurt, Universitätsbibliothek, Dep. Erf., CA 8° 65, Bl. 1ra–123vb, und Utrecht, Universiteitsbibliotheek, V. F. 17 (235), Bl. 1ra–108vb,[61] auch noch in Augsburg, Staats- und Stadtbibliothek, 4° Cod. 7, Bl. 1ra–120rb, geschrieben von einem Sanderus, vorhanden. Diese Abschrift ist anonym, aber eindeutig ein dritter Textzeuge des Werks, das in den beiden anderen Handschriften dem Johannes de Hokelem zugeschrieben ist. Der Kommentar zu Traktat I–IV ist offenbar auch vorhanden im Erfurter Codex Amplonianus 4° 243, Bl. 54ra–115ra, anonym und von Amplonius fälschlich dem Heinrich von Coesfeld (siehe oben) zugeschrieben[62]. – Auf Bl. 18ra der Augsburger Handschrift findet sich der Selbstverweis *Et de ista materia dictum est in quaestionibus suppositionum*, wonach Hokelem auch ein solches Werk verfasst haben muss[63]. Vielleicht sind es sogar Quästionen zu den *Suppositiones* des Marsilius von Inghen, im Lichte des Folgenden:

---

[59] BERGER, Zur Pariser Philosophie, S. 303f.
[60] BERGER, Zur Pariser Philosophie, bes. S. 287–289 u. 301–308, kurze Zusammenstellung auf S. 305.
[61] BERGER, Zur Pariser Philosophie, S. 304.
[62] Zu dieser Handschrift siehe Wilhelm SCHUM, Beschreibendes Verzeichniss der Amplonianischen Handschriften-Sammlung zu Erfurt, Berlin 1887, S. 498f., und BOS, Henricus de Coesfeldia, S. 217f.
[63] Meine Vermutung in BERGER, Zur Pariser Philosophie, S. 304f., dass der Verweis Quästionen zu Petrus Hispanus betrifft, wird also durch diese neue Handschrift nicht bestätigt, jedenfalls nicht durch diese konkrete Stelle.

Im Anschluss an den Tractatus-Kommentar befindet sich eine besonders wertvolle weitere Handschrift im Augsburger Codex, Bl. 121ra–135rb, nämlich Quästionen des Johannes de Hokelem zum zweiten Teil der *Consequentiae* des Marsilius von Inghen[64], geschrieben 1401 in Prag:

Expliciunt quaestiones secundae partis consequentiarum magistri Johannis de Hoclem scriptae et finitae Pragae secunda feria in die decollationis sancti Johannis baptistae anno domini 1401.

Die *Consequentiae* des Marsilius haben zwei Teile, und der zweite Teil handelt in elf Kapiteln über *propositiones exponibiles*. Dementsprechend umfasst Hokelems Kommentar elf Quästionen. Allerdings gibt es in der Handschrift ein Problem am Übergang von Bl. 133r zu 133v, mit Textverlust in qu. 9 und qu. 10. Vermutlich hat der Schreiber eine Spalte oder Seite oder gar ein Blatt seiner Vorlage übersprungen. – Weitere interessante Texte in dieser Augsburger Handschrift sind anonym[65].

Und in Wien, Schottenstift, Cod. 225 (Hübl Nr. 76), Bl. 151ra–250vb u. 251ra–252ra (Registrum), sind bislang unbekannte Quästionen des Magister Hokclem (!) *super summam naturalium domini Alberti Magni episcopi Ratisbonensis* überliefert; gemäß dem Registrum umfasst das Werk 75 (27 + 10 + 9 + 20 + 9) Quästionen zu den fünf Büchern der Vorlage[66]. Wohl dasselbe Werk ist auch vorhanden in

---

[64] Graziana Ciola hat dieses Werk des Marsilius ediert, aber noch nicht publiziert. Sie nimmt an, dass das Werk 1369/70 in Montpellier entstanden ist, siehe Graziana CIOLA, Marsilius of Inghen on *incipit* and *desinit* in *Consequentiae* II, Chapters 4–5, in: Vivarium 55 (2017), S. 170–198, hier S. 171f.

[65] Wolf GEHRT, Die Handschriften der Staats- und Stadtbibliothek Augsburg 4° Cod 1–150 (Handschriftenkataloge der Staats- und Stadtbibliothek Augsburg 6), Wiesbaden 1999, S. 11f., wo übrigens die beiden Werke auf Bl. 1ra–120rb und Bl. 121ra–135rb nicht unterschieden werden.

[66] Diese, auch *Philosophia pauperum* genannt, wird heute nicht mehr wie im Mittelalter Albert dem Großen zugeschrieben, sondern einem Albert von Orlamünde, siehe Martin GRABMANN, Die Philosophia pauperum und ihr Verfasser Albert von Orlamünde (Beiträge zur Geschichte der Philosophie des Mittelalters 20, Heft 2), Münster i. W. 1918; Bernhard GEYER,

Erfurt, Universitätsbibliothek, Dep. Erf., CA 4° 300, Bl. 1r–89r,[67] aber das müsste noch im Einzelnen überprüft werden. Hokelem ist also ein fruchtbarer Schriftsteller des späteren 14. Jahrhunderts, der manchen Zeitgenossen sogar als Autorität galt[68], und auch ein bislang unbekannter Marsilius-Kommentator, was das Stichwort für den nächsten Abschnitt gibt:

In der logischen Fachliteratur des Spätmittelalters wird öfters ein (magister) Hugo zitiert, aber nie mit irgendeinem Zusatz[69]. Einige dieser Verweise sind immerhin so konkret, dass sich das Werk identifizieren ließ, es sind *Quaestiones cum sophismatibus* zu den *Parva logicalia* des Marsilius von Inghen. Eine der (inzwischen vier bekannten) Handschriften, Wien, Österreichische Nationalbibliothek, Cod. 5455, Bl. 179vb, hat im Explicit und im Kolophon sogar den ersehnten Zusatz zu „Hugo", allerdings musste erst die Lesung sichergestellt werden, da es einige verschiedene Vorschläge dazu gab. Nach Autopsie gab es keinen Zweifel mehr, dass der Name „Hugo de Reyss/Reysz" lautet. Unter der Annahme, dass es sich dabei um ein Toponym handelt, musste dann der Ort identifiziert werden, wobei sich weniger der *Orbis Latinus*, als vielmehr Werke wie das *Repertorium Germanicum* und *Die Regesten der Erzbischöfe von Köln* als nützlich erwiesen: Jener Herkunftsname bezieht sich auf Rees in Nordrhein-Westfalen, Regierungsbezirk Düsseldorf, Kreis Kleve.

Die Albert dem Großen zugeschriebene Summa naturalium (Philosophia pauperum) (Beiträge zur Geschichte der Philosophie und Theologie des Mittelalters 35, Heft 1), Münster i. W. 1938; Grundriss der Geschichte der Philosophie. Die Philosophie des Mittelalters, Bd. 4/2, hg. von Alexander BRUNGS/Vilem MUDROCH/Peter SCHULTHESS, Basel 2017, S. 890 u. 892f.

[67] SCHUM, Beschreibendes Verzeichniss, S. 539f., Nr. 1.
[68] Vgl. die Stelle in der Handschrift Berlin, Staatsbibliothek Preußischer Kulturbesitz, Ms. lat. fol. 206, vermutlich aus Rostock um 1433, Bl. 297vb, zitiert bei BERGER, Zur Pariser Philosophie, S. 288: *auctoritate Hocklem*.
[69] Zum Folgenden siehe Harald BERGER, Which Hugo? This One! Hugo de Hervorst, in: Vivarium 58 (2020), S. 89–110; Harald BERGER, Neue Funde zu Hugo von Hervorst und den Wiener Hugo-Kommentaren, in: Codices Manuscripti & Impressi 121/122 (2020), S. 1–10.

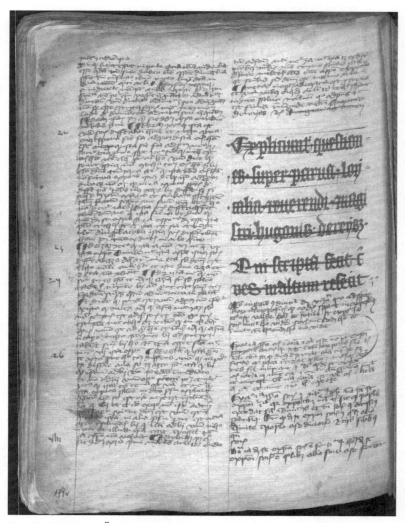

Der Cod. 5455 der Österreichischen Nationalbibliothek, Wien, Bl. 179v, bietet den entscheidenden Zusatz zu „Hugo": „de Reyss" (Explicit) bzw. „de Reysz" (Kolophon).

Da aber nirgends ein Hugo von Rees nachweisbar war, schien das vielversprechende Ergebnis doch nicht weiterzuführen. Hier half dann eine versteckte Stelle in jenem Werk weiter, aus der die Zugehörigkeit des Verfassers zur Universität Paris hervorgeht. Im Index personarum zum ersten Band des *Auctarium chartularii Universitatis Parisiensis* ist zwar auch kein Hugo de Reyss nachweisbar, aber ein Dutzend andere Hugos, von denen die meisten gleich aus geografischen oder/ und chronologischen Gründen ausgeschlossen werden konnten. Bald erwies sich Hugo de Hervorst als interessantester Kandidat[70], und als sich bei diesem immer deutlichere Verbindungen zu Rees zeigten[71], war das Rätsel schließlich doch gelöst: Der Hugo de Reyss des Wiener Codex 5455 ist identisch mit dem Pariser Magister Hugo de Hervorst[72]. Die Biografie des Hugo von Hervorst muss hier nicht ausführlich wiederholt werden[73]: Er stammt aus der Ritterfamilie von Hervorst, deren Ursprünge offenbar in Hervest bei Dorsten liegen[74]. Nach seiner aka-

---

[70] Zu Hugo von Landau siehe BERGER, Neue Funde, S. 2, Anm. 5; Heike HAWICKS, Klöster – Kanzler – Konservatoren. Das kirchliche Umfeld der Universität Heidelberg vom späten Mittelalter bis in die frühe Neuzeit, in: Universitäten und ihr Umfeld, hg. von Benjamin MÜSEGADES/Ingo RUNDE, Heidelberg 2019, S. 165–199, hier S. 176. – Dieser Hugo war 1387 auch Rektor der Universität Paris (vgl. SECHLER, Rectors, S. 128f.), was sonst offenbar nicht bekannt ist, jedenfalls z.B. bei Dagmar DRÜLL, Heidelberger Gelehrtenlexikon 1386–1651, Berlin/Heidelberg 2002, S. 245f., nicht angeführt wird.
[71] Entscheidend war letztlich die Urkunde Nr. 238 im Landesarchiv Nordrhein-Westfalen, Abteilung Rheinland, Stift Rees, die für 1372 in Rees eine Hadwig, Witwe des Hugo von Hervorst, belegt. Das sind wahrscheinlich die Eltern des Pariser Magisters, vgl. BERGER, Which Hugo?, S. 105.
[72] Auch bei Marsilius sind ja Familienname („de Inghen") und Herkunftsname („de Novimagio") zu unterscheiden, vgl. ACUP I, S. 976 (Index), und RITTER, Marsilius von Inghen, S. 7. Kritisch dazu Heike HAWICKS in ihrem Beitrag hier.
[73] Siehe BERGER, Which Hugo?, S. 101–106; BERGER, Neue Funde, S. 1.
[74] In Goch gibt es zwar eine Hervorster Straße, aber diese hat mit der Familie von Hervorst angeblich nichts zu tun, siehe BERGER, Which Hugo?, S. 105, Anm. 80. Vgl. auch Die Regesten der Erzbischöfe von Köln im

demischen Karriere in Paris war er als Kirchenmann insbesondere Generalvikar des Erzbischofs von Köln, Friedrich von Saarwerden, und Propst von Xanten[75]. Er starb am 23. August 1399 offenbar frühzeitig, wahrscheinlich an der Pest, in Xanten[76].

Zwei Details zur Familie von Hervorst seien hier noch nachgetragen:
- Eine Bonner Urkunde vom 16. Juni 1398 belegt eine Nichte Hugos von Hervorst, Henneke, Tochter des Heinrich von Loele und Ehefrau des Johann von Wachtendonk[77].
- Das *Repertorium Academicum Germanicum* belegt einen Johannes de Hervorst an der Universität Köln im frühen 15. Jahrhundert[78].

Die Pariser Lehrer des Hugo von Hervorst aus Rees stammten, wie gesagt, aus den nahen Städten Kalkar und Kleve, und auch Hugos eigene Studenten kamen zum Teil aus dieser Region, besonders zu nennen sind hier Philippus Pinghe de Embrica[79] (d.i. Emmerich) und Fredericus de Warendorpe[80] (d.i. Warendorf), die alle drei Graduierungsstufen unter Hugo absolvierten[81]. Dass Hugo insbesondere Philipp Pingh geschätzt haben muss, zeigt der Eintrag im Prokuratorenbuch betreffend Hugos Gesuche an die Englische Nation anlässlich seiner Abreise in die Heimat wegen Erbangelegenheiten[82]. Mit Marsilius von Inghen kommt Hugo im Prokuratorenbuch der Englischen

    Mittelalter, Bd. 12/2, hg. von Norbert ANDERNACH, Düsseldorf 2001, S. 156, s. n. „Hervorst", und Heike HAWICKS in ihrem Beitrag hier.
[75] Zu Xanten siehe Heike HAWICKS, Xanten im späten Mittelalter (Rheinisches Archiv 150), Köln/Weimar/Wien 2007, S. 640 (Register).
[76] Zum Grab Hugos, angeblich im Dom zu Xanten, vgl. BERGER, Which Hugo?, S. 106 u. Anm. 83, hat Heike Hawicks einen neuen Beleg gefunden, siehe ihren Beitrag hier.
[77] Die Regesten der Erzbischöfe von Köln im Mittelalter, Bd. 10, hg. von Norbert ANDERNACH, Düsseldorf 1987, S. 578, Nr. 1597.
[78] RAG, im Internet unter https://rag-online.org, s. n.
[79] ACUP I, S. 972 (Index).
[80] ACUP I, S. 990 (Index).
[81] BERGER, Which Hugo?, S. 103.
[82] ACUP I, Sp. 571, Z. 26–44. Vgl. BERGER, Which Hugo?, S. 103f.; BERGER, Neue Funde, S. 1.

Nation mehrmals zusammen vor[83], aber auch mit Johannes de Hokelem[84] und anderen. Kurz vor seinem eigenen Weggang richtete Hugo Anfang 1379 im Namen des schon länger abwesenden Marsilius eine Supplik an die Englische Nation, so dass man annehmen kann, dass die beiden nicht nur Kollegen, sondern auch Freunde waren[85].

Marsilius von Inghen war offenbar der erfolgreichste Lehrer seiner Zeit an der Pariser Artistenfakultät, Englische Nation,[86] aber nach Heinrich Denifle zählten auch Jordanus de Clivis, Gerardus Kalkar, Johannes de Hokelem und Hugo de Hervorst, die alle hier behandelt oder erwähnt wurden, zu den Magistern mit einer besonders großen Frequenz[87].

Hugos Marsilius-Kommentar behandelt die *suppositiones, ampliationes, appellationes* und die beiden Teile der *consequentiae* in Form von Quästionen mit begleitenden Sophismen[88]. Das Incipit des Werks lautet: *Circa tractatum de suppositionibus magistri Marsilii sit quaestio prima, utrum possibile sit terminum supponere.* Der Text vor „utrum" ist variabel und kann auch fehlen[89]. Es sind gegenwärtig vier Handschriften bekannt[90]:

- Melk, Stiftsbibliothek, Cod. 1902, S. 663b–840b, Wien 1424 (vollständig).
- München, Bayerische Staatsbibliothek, Clm 24961, Bl. 1ra–84vb (unvollständig).
- Wien, Österreichische Nationalbibliothek, Cod. 5005, Bl. 193ra–271rb (unvollständig).

---

[83] BERGER, Which Hugo?, S. 103.
[84] Z.B. ACUP I, Sp. 563, Z. 8–14.
[85] Vgl. BERGER, Which Hugo?, S. 103 u. 106.
[86] Vgl. Heinrich DENIFLE in ACUP I, S. XXXII: „Marsilius de Inghen utique omnium maximam frequentiam habebat".
[87] ACUP I, S. XXXIII.
[88] Vgl. BERGER, Which Hugo?, § 5, S. 107–110. Auf S. 110, bei Soph. 11, wäre „minime" in „continue" zu verbessern.
[89] Vgl. BERGER, Which Hugo?, S. 95f.; BERGER, Neue Funde, S. 2.
[90] BERGER, Which Hugo?, S. 95f.; BERGER, Neue Funde, S. 2f.

- Wien, Österreichische Nationalbibliothek, Cod. 5455, Bl. 117ra–179vb (vollständig).

Erstaunlich ist, dass das Werk zwar offenbar in den 1370er Jahren in Paris entstanden ist, die Überlieferung und Rezeption sich aber auf Wien bzw. Mitteleuropa konzentriert. Die wichtige Handschrift im Wiener Cod. 5455 stammt gemäß Wasserzeichen aus Wien um 1385, die Melker Handschrift stammt sicher auch aus Wien, die beiden restlichen vielleicht bzw. wahrscheinlich. Darüber hinaus sind mir inzwischen sieben Wiener Professoren sowie ein Wiener Anonymus bekannt, die Hugos Marsilius-Kommentar kommentiert haben, was ich „Meta-Kommentare" genannt habe[91]. Der des Peter Zäch von Pulkau könnte noch im letzten Jahrzehnt des 14. Jahrhunderts entstanden sein, der des Konrad Pschlacher von Freistadt gehört dem zweiten Jahrzehnt des 16. Jahrhunderts an, gedruckt in Wien 1512 und 1516[92]. Pschlachers *Compendiarius parvorum logicalium liber* behandelt die ersten sechs Traktate des Petrus Hispanus[93] und die sieben Traktate des Marsilius zu den *parva logicalia*[94]. Zu den letzteren wird Hugos Kommentar herangezogen, mit Ausnahme von *de restrictione* und *de*

[91] BERGER, Which Hugo?, S. 98 u. 106f.; BERGER, Neue Funde, S. 4–7.
[92] Ein angeblicher weiterer Druck Wien 1521, vgl. auch Wilhelm RISSE, Bibliographia philosophica vetus (Studien und Materialien zur Geschichte der Philosophie 45), Bd. 2, Zürich/New York 1998, S. 72, beruht auf einem Katalogisierungsfehler der ÖNB Wien, der schon auf das 19. Jahrhundert zurückgeht (Zahlensturz von „1512" zu „1521"). Ich danke Frau Dr. Gertrud Oswald, ÖNB Wien, für ihren Einsatz bei der Klärung dieser Frage.
[93] Und zwar in Abweichung von der heute geläufigen Anordnung: de propositione, de praedicabilibus, de praedicamentis, de syllogismo, de syllogismo dialectico vel de locis dialecticis, de syllogismo sophistico seu de fallaciis. Vgl. Peter of Spain (Petrus Hispanus Portugalensis), Tractatus called afterwards Summule logicales, hg. von L. M. DE RIJK (Philosophical Texts and Studies 22), Assen 1972, S. XLVI–LIV und das Inhaltsverzeichnis vor S. 1.
[94] Nämlich: de suppositione, de ampliatione, de appellatione, de restrictione, de alienatione, de prima consequentiarum parte, de secunda consequentiarum parte. Vgl. den Druck Wien 1512, Bl. a3r (Inhaltsverzeichnis).

alienatione, was bei Hugo ja nicht vorkommt[95]. – Der Anonymus der Inkunabeln bzw. des Frühdrucks Basel 1487 (GW M32301), Hagenau 1495 (GW M32303, Nachdruck Frankfurt 1967) und Hagenau 1503 dürfte ein Wiener Professor des 15. Jahrhunderts sein[96]. Die Biographie Hugos von Hervorst ist nicht so lückenlos bekannt, dass man es definitiv ausschließen könnte, dass dieser selbst in Wien war, aber es gibt auch keine positiven Hinweise darauf oder gar Belege dafür. Naheliegender ist es, die so auffällige Wiener Rezeption mit den Pariser Magistern in Wien zu erklären, allen voran Hugos Pariser Lehrer Thomas von Kleve und seine Schüler (siehe oben), aber auch andere, wie Heinrich von Langenstein, Heinrich von Oyta, Heinrich von Odendorf, oder auch Österreicher, die aus Paris zurückkehrten, wie Koloman Kolb und Peter Engelhardi[97]. Spätestens um 1385, also etwa ein Jahrzehnt nach der Entstehung, war Hugos Werk jedenfalls schon in Wien vorhanden. Es wäre hilfreich, wenn sich die sehr eigentümliche und alt wirkende, auch schwer lesbare Hand dieser Handschrift im Wiener Cod. 5455 identifizieren ließe.

In Wien war Marsilius von Inghen eine Autorität vor allem auch auf dem Gebiet der *Parva logicalia*, sei es direkt oder vermittelt über Hugo von Hervorst. Die Wiener des Spätmittelalters sprachen gerne

[95] Vgl. *Quaestionum ac Sophismatum tituli*, Druck Wien 1512, Bl. a6r–v, mit BERGER, Which Hugo?, § 5, S. 107–110. – Wenn es bei BERGER, Neue Funde, S. 7, heißt, dass Pschlachers Kommentar sich nicht auch auf die *Consequentiae* Hugos erstrecke, so ist das nicht ganz richtig: Das Titelverzeichnis am Anfang des Drucks von 1512, Bl. a6v, führt sieben Quästionen zu den *Cons.*, ps. I, an (sc. Hugos qq. 1–3, 5, 7–9), de facto werden dann aber ab Bl. 200v die qq. 1–9 behandelt, aber in der Regel nur äußerst knapp auf zwei, drei Zeilen (Ausnahme: qu. 6 auf Bl. 203v mit 17 Zeilen). Zu *Cons.*, ps. II, ab Bl. 213r, scheint es aber tatsächlich keinen Bezug mehr zu Hugos Kommentar zu geben.
[96] Vgl. BERGER, Which Hugo, S. 94, Anm. 26, S. 98 u. 106f.
[97] Vgl. BERGER, Which Hugo?, S. 103; BERGER, Neue Funde, S. 1f. – Johannes Mullechner de Austria ist nicht schon 1378, sondern erst ab 1380 in Paris belegt, also nachdem Hugo die Artistenfakultät verlassen hat, ACUP I, S. 965 (Index), hat hier einen Zahlensturz („548" statt „584"). Zu Müllechner, der nur als Gesandter, aber nicht als Lehrer an der Universität Wien war, siehe UIBLEIN, Die Universität Wien, S. 180–182.

von einer *communis schola Wiennensis*, die gelegentlich auch mit den Namen des Marsilius und des Hugo verbunden wurde[98]. Auf anderen Gebieten wurden andere Autoritäten bevorzugt, in der Ethik eindeutig Johannes Buridan[99], hinsichtlich der *Analytica Posteriora* Albert von Sachsen usw.

Zum krönenden Abschluss kann ich nun noch ein bislang unbekanntes Werk des Marsilius von Inghen[100] präsentieren[101]:

Es hieß am Anfang, dass Marsilius' Lehrer Buser 1360 in Paris eine Obligationen-Abhandlung publiziert habe. Diese Angabe verdanken

---

[98] Siehe z.B. Marsilius von Inghen, Commentum in primum et quartum tractatum Petri Hispani, Hagenau 1495, Nachdr. Frankfurt 1967, Bl. r4r: *Est alia opinio Marsilii, Hugonis et communis scholae Wiennensis*.

[99] Siehe dazu Sigrid MÜLLER, Theologie und Philosophie im Spätmittelalter (Studien der Moraltheologie, N. F. 7), Münster 2018, bes. S. 302–324, mit weiterer Literatur.

[100] Vor kurzem wurde auch ein anderes unbekanntes Werk des Marsilius (?) gefunden: Hanna WOJTCZAK/Maciej STANEK, Marsilius of Inghen's (?) Question *Utrum dialectica est ars artium et scientia scientiarum* Preserved in Cod. Oxford, Bodleian Library, Canon. Misc. 381, in: Bochumer Philosophisches Jahrbuch für Antike und Mittelalter 21 (2018), S. 165–182.

[101] Zu Werkverzeichnissen des Marsilius siehe besonders: RITTER, Marsilius von Inghen, S. 185–195 u. 209 (Nachtrag); Marsilius of Inghen, Treatises on the Properties of Terms, hg. von Egbert P. BOS (Synthese Historical Libary 22), Dordrecht/Boston/Lancaster 1983, S. 9–16 u. 21–32; Mieczysław MARKOWSKI, Katalog dzieł Marsyliusza z Inghen z ewidencją rękopisów, in: Studia Mediewistyczne 25, 2 (1988), S. 39–132; Maarten HOENEN, Art. Marsilius of Inghen, in: The Stanford Encyclopedia of Philosophy, hg. von Edward N. ZALTA, im Internet unter https://plato.stanford.edu/entries/marsilius-inghen/, 2001, zuletzt geändert 2021, Abschnitt 1 und Bibliographie; Olga WEIJERS, Le travail intellectuel à la Faculté des arts de Paris: textes et maîtres (ca. 1200–1500), Fasz. 6 (Studia Artistarum 13), Turnhout 2005, S. 73–90. Zu den Aristoteles-Kommentaren allein: Charles H. LOHR, Medieval Latin Aristotle Commentaries. Authors: Johannes de Kanthi – Myngodus, in: Traditio 27 (1971), S. 251–351, hier S. 323–334; LOHR, Latin Aristotle Commentaries, I.2, S. 4–10.

wir einer Handschrift im Codex 114 der Biblioteca de la Catedral in Tortosa, Bl. 138ra–150^{bis}r:

Expliciunt obligationes lecti (!) Parisius a magistro Wilhelmo Buzer anno domini M° ccc° sexagismo (!).

Dieser Codex des späten 14. und des frühen 15. Jahrhunderts scheint zur Gänze von der Universität Paris zu stammen, obwohl das nicht explizit festgehalten ist. Er enthält insgesamt sieben philosophische Texte, z.B. an fünfter Stelle (Bl. 93ra–136va) Quästionen eines Jacobus de Yvia zu den *Consequentiae* des Marsilius[102], an sechster Stelle jenes Werk von Buser und an vierter Stelle, Bl. 81ra–92vb, den folgenden Text:

Incipiunt quaestiones suppositionum magistri Mercilii de Ynghen (Bl. 81r, Superscriptio).
Circa suppositiones primo quaeritur, utrum terminus possit pro quolibet suo significato supponere (Bl. 81ra, Incipit).
Et ideo dixi in quarta conclusione "non restrictus". – Et sic finiuntur omnes quaestiones suppositionum a magistro Marcilio de Hingheem. Deo gratias. Detur pro pen(n)a scriptori pulcra leghena. – Expliciunt quaestiones suppositionum magistri Mercelii de Inghen, n (!) x (!)[103]. *– Hodie qui natus. – Istae suppositiones sunt Nicholay Siurana studentis in medicina anno domini M° cccc° vij°* (Bl. 92vb, Explicit, Kolophon, Besitzervermerk).

Auf Bl. 88ra, am Ende der Suppositionen, findet sich eine weitere Zuschreibung, *Et sic est finis quaestionum suppositionum a magistro Marcilio de Hinghem etc.*, so dass es hier insgesamt vier Zuschreibungen zu Marsilius von Inghen gibt. Diese sind ohne triftigen Grund nicht anzuzweifeln.

Das Werk hat drei Teile zu den Suppositionen (Bl. 81ra–88ra), Ampliationen (Bl. 88ra–90vb) und Appellationen (Bl. 90vb–92vb). Der erste Teil umfasst acht Quästionen und sechs Sophismen, der

---

[102] Vgl. dazu BERGER, Zur Pariser Philosophie, S. 277–285.
[103] Das steht offenbar für „natalis/nativitas Christi", vgl. auch den nächsten Satz.

zweite und der dritte Teil haben nur je vier Quästionen, aber keine Sophismen.

Neben den Zuschreibungen gibt es einen weiteren Grund, das Werk für authentisch zu halten: Unter den sechs Sophismen im ersten Teil findet sich als drittes auch „Homo est bos", Bl. 84ra–b, welches in einem Krakauer Codex, BJ 1939, Bl. 96v, allein vorkommt und dort in der Überschrift ebenfalls dem Marsilius von Inghen zugeschrieben ist[104]. Während „Homo est asinus" in der scholastischen Literatur zuhauf vorkommt[105], ist „Homo est bos" sehr selten, ich kenne überhaupt nur dieses eine Beispiel.

Obwohl Anfang und Schluss des Textes intakt sind, wirkt das Werk unvollständig, da nicht nur nicht alle *parva logicalia* behandelt werden, sondern nicht einmal alle *proprietates terminorum*. Außerdem hat nur der erste Teil begleitende Sophismen zu den Quästionen, aber auch nicht zu allen. Das könnte erklären, dass sich nicht alle Verweise in der spätmittelalterlichen Fachliteratur auf Quästionen des Marsilius zu den *parva logicalia* in diesem Text verifizieren lassen, z.b. dass die Wissenschaft der Suppositionen gemäß Marsilius spekulativ (d.i. theoretisch und nicht praktisch) sei, was eine Quästion „Utrum scientia suppositionum sit practica vel speculativa" nahelegt, die hier nicht vorkommt[106].

Jedenfalls hat Marsilius offenbar nicht nur seine einflussreichen Traktate zu den *parva logicalia* verfasst, sondern auch *Quaestiones cum sophismatibus* dazu, die sich aber nicht durchgesetzt haben, denn außer dieser Handschrift im Codex Tortosa 114 konnte ich noch keine

---

[104] E. P. Bos, An Unedited Sophism by Marsilius of Inghen: '*Homo est bos*', in: Vivarium 15 (1977), S. 46–56; BERGER, Zur Pariser Philosophie, S. 301.

[105] Z.B. gibt es ein solches Sophisma von Johannes de Hokelem im unmittelbaren Anschluss an das von Marsilius in jenem Krakauer Codex, vgl. BERGER, Zur Pariser Philosophie, S. 301.

[106] Vgl. BERGER, Zur Pariser Philosophie, S. 265f., 296–298, 306–308, 318. Vgl. auch Harald BERGER, Helmold of Zoltwedel († 1441): His Academic Career, Scientific Works, and Philosophical Alignment, in: Studying the Arts in Late Medieval Bohemia, hg. von Ota PAVLÍČEK (Studia Artistarum 48), Turnhout 2021, S. 175–203, hier S. 193.

Der Niederrhein in der Universitäts- und Philosophiegeschichte 111

weiteren Textzeugen nachweisen[107]. Hingegen war das betreffende Werk Hugos von Hervorst sehr erfolgreich, jedenfalls in Mitteleuropa, besonders in Wien, wie gesagt, Rezeptionsspuren gibt es auch in Prag, Erfurt und Heidelberg[108].

---

[107] Eine Erfurter Handschrift, UB, Dep. Erf., CA 4° 327, Bl. 1ra–40va, hat zwar einen gleichen Anfang wie die Handschrift im Cod. Tortosa 114, ist sonst aber verschieden davon. Der Anfang der *Quaestiones ampliationum* im Cod. Tortosa 114, Bl. 88ra, ist übrigens gleich wie bei Hugo bzw. wohl eher umgekehrt: Der Anfang von Hugos qu. 1 zu den Ampliationen ist gleich wie bei Marsilius im Codex Tortosa.

[108] Vgl. BERGER, Which Hugo?, S. 97; BERGER, Neue Funde, S. 6.

Schlusswort und Perspektiven

Heike Hawicks

Das in diesem Band dokumentierte Zusammenwirken zweier Disziplinen, der Landes- und Universitätsgeschichte mit der Philosophiegeschichte, hat in einem hohen Maße zu neuen Erkenntnissen beigetragen, die zusammengenommen wiederum Impulse zu weiteren, vertieften Forschungen geben können. So eröffnet die Nachverfolgung der Rezeption des wissenschaftlichen Werkes innerhalb von Gelehrtenkreisen – wie sie bei der Logik des Marsilius von Inghen in überaus herausragender Dichte und Dauer nachgewiesen werden konnte – im Zusammenspiel mit der Erforschung historischer Personenkreise, vor allem der *Peregrinatio academica* von Gelehrten, neue Perspektiven, und zwar sowohl auf die Heidelberger Gründungsgeschichte als auch auf andere frühe Universitätsgründungen in Mitteleuropa.

Bezieht man darüber hinaus dynastische Aspekte mit ein und parallelisiert mit ihnen die Wanderung von Gelehrten sowie die Rezeption ihrer Werke bspw. in Form von Kommentaren und Metakommentaren, ergibt sich wie bereits bei Marsilius' Lebensweg von Paris nach Heidelberg ein verblüffend stimmiges Gesamtbild, das hier im Fall der Universitäten von Paris, Wien und Heidelberg in aller Kürze angerissen sei.

Die Universität Prag wurde bekanntermaßen von König Karl IV. gegründet. Sein Schwiegersohn, Rudolf IV. von Österreich, gründete 1365 in einem gemeinsamen Gründungsbrief mit seinen beiden Brüdern Albrecht und Leopold die Universität Wien. Spielte 1365 Albert von Sachsen, ein Zeitgenosse Buridans in Paris, dabei eine tragende Rolle als Gelehrter, waren es 1384 beim berühmten Albertinischen Stiftbrief Albrechts III. zudem vor allem Thomas von Kleve und Heinrich von Langenstein; ihnen kommt das Verdienst zu, wesentlich an der Reorganisation der Wiener Universität im Jahre 1384 mitgewirkt zu haben. Thomas von Kleve (der Ältere) war Zeitgenosse und Kollege von Marsilius und ist bis 1375 an der Universität Paris nachweisbar. Noch vor der Reorganisation von 1384 kam er von Kleve als Schulmeister nach St. Stephan in Wien; auch Thomas von Kleve der Jüngere ist ab 1383 als Artist und Theologe an der Universität Wien belegt. Wie der Theologe Heinrich von Langenstein sind damit ehemalige Pariser Gelehrte zur Zeit der Reorganisation gemeinsam in Wien anzutreffen. Das Privileg des Herzogs Albrecht III. von Österreich für die Universität wurde aller Wahrscheinlichkeit nach von einem Schüler des Thomas von Kleve (d. Ält.) geschrieben, und zwar von Paul Fabri von Geldern, einem weiteren Niederrheiner. Als einer von drei Theologen war auch Gerhard Kikpot von Kalkar in dem vom Herzog gestifteten Collegium tätig. In Wien sammelten sich also um 1384 einige ehemaliger Pariser Gelehrte, die ursprünglich vom Niederrhein stammten.

Interessanterweise war Herzog Albrecht von Österreich wie Ruprecht (III.) von der Pfalz mit einer Tochter des Nürnberger Burggrafen Friedrichs V. verheiratet. Beatrix von Zollern hatte 1375 Albrecht von Österreich geehelicht, ihre Schwester Elisabeth 1374 Pfalzgraf Ruprecht III. von der Pfalz. Vor diesem Hintergrund ist zumindest eine gewisse Parallele erkennbar, wenn im Jahr nach der Wiener Universitätsreorganisation wie einst die drei österreichischen Brüder nun die drei Pfälzer Ruprechte, also Onkel, Neffe und dessen Sohn gleichsam als ,Dreigestirn' die Universität Heidelberg ins Werk setzten. Als *anheber und regirer* setzte Ruprecht I. Marsilius von Inghen ein, den Pariser Rektor, der dort Kollege des Thomas von Kleve gewesen war – beide waren Schüler Wilhelm Busers von Heusden. Marsilius wird sowohl den Schüler von Thomas, Paul von Geldern, als auch Heinrich von Langenstein sowie Gerhard Kikpot von Kalkar gekannt haben. Letzterer legte wie er selbst 1362 in Paris sein Magisterexamen ab und studierte zeitgleich mit ihm dort auch Theologie. Über diese persönlichen Kontakte muss Marsilius bestens über die Vorgänge 1384 in Wien informiert gewesen sein. Zeitgleich kam er über die im obigen Beitrag ausführlich dargelegten Beziehungsgeflechte in die kurpfälzische Residenz nach Heidelberg, wo nach Pariser Vorbild und wohl von Wien inspiriert die Universität Heidelberg im Zusammenwirken mit den drei Ruprechten entstand. Die Gelehrtenbeziehungen gehen hier also parallel mit den dynastischen Verbindungen in Wien und Heidelberg. So erstaunt es denn auch nicht, dass Wien ein besonderer Ort der Rezeption für die Schriften des Marsilius wurde, wo sein Werk vor allem durch die Kommentare des Hugo von Hervorst Verbreitung fand, welcher ebenfalls ein Schüler des Thomas' von Kleve (d. Ält.) war. Letzterer ist als Bindeglied zwischen dem Niederrhein und Wien ein wesentlicher Faktor. Er interessierte sich besonders für die Logik, und von ihm stammt auch ein bedeutendes, leider verlorenes logisches Werk *(Suppositiones)*. Außerdem schrieb sein Schüler Paul Fabri von Geldern etliche *Codices Amploniani,* jenes Rheinberger Gelehrten, der in Erfurt Karriere machte. Thomas von Kleve ist also als ein wesentlicher Multiplikator der Schriften berühmter niederrheinischer Gelehrter zu identifizieren.

Untersuchungen von Beziehungen zwischen Universitäten, z.B. Prag, Wien und Heidelberg sind nicht neu, wurden sie doch bereits in den grundlegenden Arbeiten über jene Universitätsstiftungen von Frank Rexroth (1992) und Wolfgang Eric Wagner (1999) vorgenommen. Einzelne Verbindungsstränge durch namhafte Gelehrte vom Niederrhein und die Rezeption ihrer jeweiligen Werke in Form der Verbreitung von Kommentar-Literatur sind jedoch ebenso neu wie die Feststellung, dass bei der wohl zu konstatierenden Vorbildhaftigkeit von Reorganisation bzw. Gründung der Universität Wien für Heidelberg eheliche Verbindungen auf dynastischer Ebene und damit die weiblichen Mitglieder der Fürstenfamilien in Österreich und der Kurpfalz zumindest eine indirekte Rolle gespielt haben dürften. Es lohnt sich folglich, sie – wie beim Lebensweg des Marsilius – in den gesamten Kontext einzubeziehen. Zusammengenommen ergeben die drei Ebenen Landesherren – Gemahlinnen – Gelehrte eine Trias, deren Zusammenwirken zu jenen engen Beziehungen und Parallelen zwischen Wien, Heidelberg und dem sonst eher weniger beachteten Niederrhein geführt hat, die in diesem Band Gegenstand der Betrachtungen sind.

Die Herkunft vieler Gelehrter aus der nordwestlichen Kirchenprovinz Köln erklärt auch, dass die Stadt Köln rasch mit einer Universitätsgründung nachzog und das kleine Heidelberger Studium kurz nach der Aufnahme des Lehrbetriebs bereits einen deutlichen Aderlass zu verzeichnen hatte; doch auch aus Wien zog es Universitätsangehörige wieder zurück an den Niederrhein. Einige illustre Beispiele mögen diese Abwanderungen verdeutlichen: So verließ Hartlevus de Marka, der sich von Wien aus nach Heidelberg begeben hatte, dieses um 1389, um in Köln Gründungsrektor zu werden. Auch Reginald von Aulne, ein Gründungsmitglied der Heidelberger Universität, verließ die Residenzstadt am Neckar wieder und zog gen Köln, ebenso zum großen Unmut von Marsilius der derzeit amtierende Heidelberger Rektor Berthold von Suderdick. Aus Wien ging Gerhard Kikpot von Kalkar nach Köln, und auch Thomas von Kleve (d. Ält.) lässt sich 1391 dort nachweisen; er starb 1412 als Kanoniker von Kleve.

Insofern schließt sich so der Kreis niederrheinischer Gelehrter an den Universitäten Wien und Heidelberg, welche im Zusammenspiel mit dynastischen Entwicklungen in Österreich, in der Kurpfalz und den Territorien im nördlichen Rheinland entstanden bzw. wiedererstanden waren. Mit der Gründung der Kölner Universität zog es letztlich einige von ihnen wieder zurück an den Rhein, von dem aus sie einst zum Studium nach Paris oder Prag ausgezogen waren.

Plakat: Universität Heidelberg, Kommunikation und Marketing; Bild: Universitätsarchiv Heidelberg, Gra I Nr. 26.

Bild- und Schriftzeugnisse zu Marsilius von Inghen

1) Portrait des Marsilius von Inghen – als Titelblattvignette gedruckt in dem 1811 in Heidelberg erschienenen Band „Heidelberg und seine Umgebungen" von Aloys Schreiber. Im Vorwort wird erwähnt, dass „Herr Franken, ein talentvoller junger Künstler", „das Bildnis des Marsilius von Inghen [...] gezeichnet und geäzt" hat (S. VII). Ob der Künstler eine ältere Vorlage verwendete, ist unbekannt (Signatur: Universitätsarchiv Heidelberg, Gra I Nr. 26).

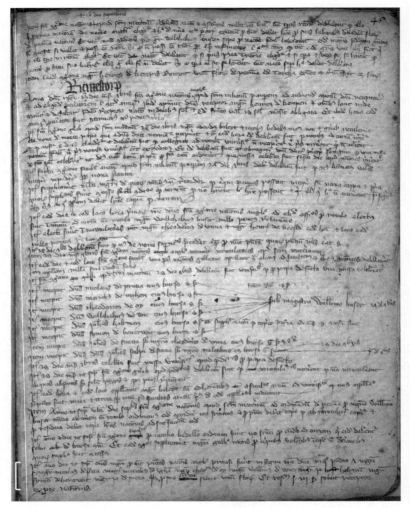

2) Ersterwähnung des Magisters *marcelius de inghen* in einem Eintrag vom September 1362 im Liber Procuratorum Nationis Anglicanae der Pariser Universität (Université de Paris (1215–1794). Faculté des arts. Nation d'Allemagne et al., Conclusions de la Nation d'Angleterre 1347–1365, fol. 46r, URL: https://nubis.univ-paris1.fr/iiif-img/154894/full/2600,/0/default.jpg, abgerufen am 12.10.2021).

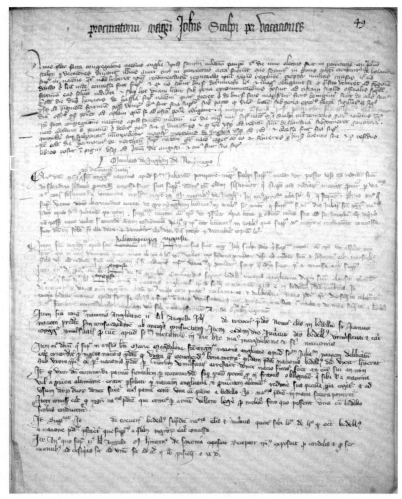

3) In einer Versammlung der *Natio Anglicana* vom 26. Juni 1363 wird *Mercilius de Inghen de Nouymagio* anstelle des abwesenden Magisters Johannes Scalpi einstimmig mit dem Prokuratorenamt beauftragt (Université de Paris (1215–1794). Faculté des arts. Nation d'Allemagne et al., Conclusions de la Nation d'Angleterre 1347–1365, fol. 49r, URL: https://nubis.univ-paris1.fr/iiif-img/154900/full/2648,/0/default.jpg, abgerufen am 12.10.2021).

4) Marsilius erlebte als Gesandter der Universität Paris die Entstehung des Großen Abendländischen Schismas in Rom mit und kommentierte die Entwicklungen am 27. Juli 1378 aus Tivoli mit den Worten, dass die Gefahr einer Kirchenspaltung derzeit so groß sei wie in 100 Jahren nicht: *Insuper quod ecclesia Dei, videre meo, non in centum annis in tanto fuit scismatis periculo*; auch von einer schwersten Gefahr *(pericula gravissima)* ist die Rede (Signatur: Bibl. nat. Paris, ms. lat. 14644, fol. 177v).

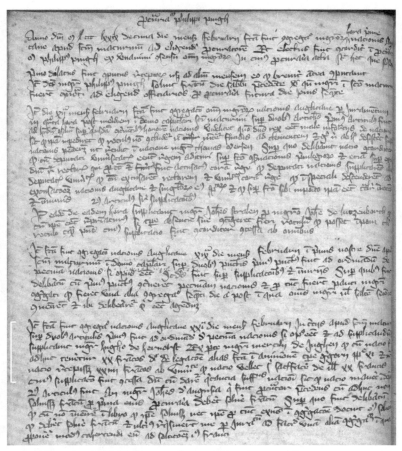

5) Magister *hugho de heruorst* tritt am 21. Februar 1379 *ex parte magistri mercilii de Inghen* bei der Erledigung einer finanziellen Angelegenheit zwischen Nation und Universität ein, die aus der Zeit der Gesandtschaft nach Avignon zu Papst Gregor XI. herrührt – es ist zugleich die letzte Erwähnung von Marsilius im Liber Procuratorum (Université de Paris (1215–1794). Faculté des arts. Nation d'Allemagne et al., Conclusions de la Nation d'Angleterre 1376–1383, fol. 20v, URL: https://nubis.univ-paris1.fr/iiif-img/162361/full/2360,/0/default.jpg, abgerufen am 12.10.2021).

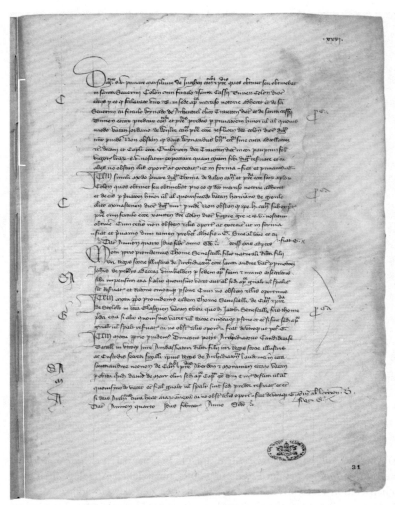

6) Am 10. Februar 1380 wurde Marsilius von Inghen als Anhänger des römischen Papstes Urban VI. durch den (Gegen)Papst Clemens VII. seines Kanonikats mit Pfründe und Chorstuhl an St. Severin in Köln entsetzt, ebenso seines Kanonikats mit Pfründe an St. Cassius in Bonn. Letzteres ist insofern bemerkenswert, als Clemens, der zuvor Robert von Genf hieß, seit 1371 bis zu seiner Erhebung zum Papst im Jahr 1378 Propst des Bonner Cassius-Stiftes war (Signatur: Archivo Apostolico Vaticano, Registrum Supplicationum 60, fol. 31).

Bild- und Schriftzeugnisse zu Marsilius von Inghen

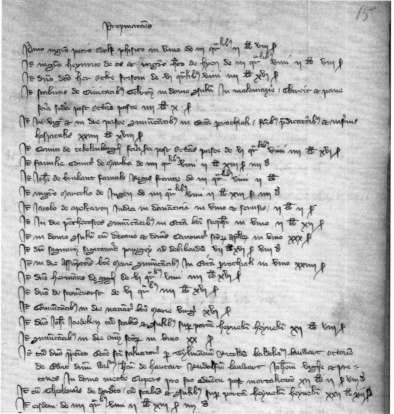

7) Im Jahr 1382 ist Marsilius von Inghen in seiner Heimatregion nachzuweisen. In dieser ältesten erhaltenen Rechnung der Stadt Nijmegen (danach ist erst wieder das Jahr 1414 überliefert) ist er an dritter Stelle unter dem zum Montag nach der Osteroktav eingetragenen Grafen von Tecklenburg zu finden (auf der gesamten Seite steht er an neunter Stelle von oben) – unmittelbar vor ihm z.B. die *familie comitis de Marka* und Johann von Brabant, *famulo regis Francie*. In allen Fällen sind jeweils Beträge für Wein eingetragen. Die nächste Zeitangabe unterhalb dieser Einträge ist Pfingsten. Möglicherweise handelte es sich sogar um ein Zusammentreffen, dessen Grund jedoch nicht genannt wird (Signatur: Regionaal Archief Nijmegen. 1 Stadsbestuur Nijmegen 1196 – 1810, Nr. 685).

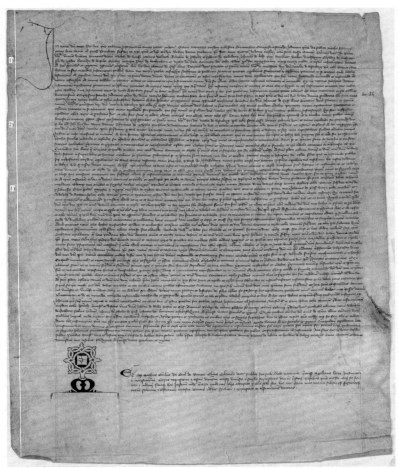

8) Ein Notariatsinstrument (mit Insert) vom 8. Februar 1382 belegt die Anwesenheit von Marsilius, der hier wechselnd *de Inghen* (1) und *de Nouimagio* (Nijmegen) (2) genannt wird, im Bonner St. Cassius-Stift. Er ist als Kanoniker in eine Auseinandersetzung des Stiftes mit seinem Propst Nikolaus von Riesenburg involviert. Marsilius erbat als Angehöriger des Bonner Kapitels zusammen mit dessen Dekan Bruno eine notarielle Abschrift des Appellationsinstruments (Signatur: Landesarchiv NRW, Abteilung Rheinland, Bonn, St. Cassius, Urkunden Nr. 246).

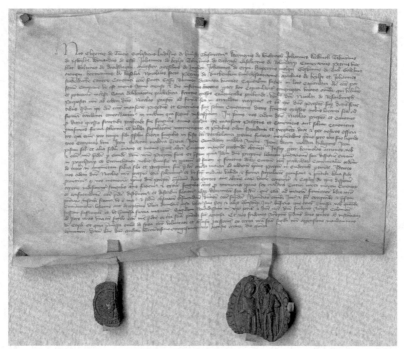

9) In einer Urkunde vom 5. März 1384 findet sich *Magister Mersilius de Inghen* (Zeile 3) in einer Auflistung der Kanoniker des Stifts St. Cassius zu Bonn, die sich bei Vakanz des Dekanats mit ihrem Propst Nikolaus von Riesenburg über die Ablieferung von Präbendalfrüchten einigen (Signatur: Landesarchiv NRW, Abteilung Rheinland, Bonn, St. Cassius, Urkunden Nr. 250).

10) Pfalzgraf Ruprecht I. erklärt am 29. Juni 1386, dass er Magister Marsilius von Inghen zu seinem Pfaffen und Rat gewonnen habe, der auch dem Studium zu Heidelberg ein *anheber und regirer* sein soll. Wie diese stark beschädigte Notiz in einem Kopialbuch überliefert, erhielt Marsilius ein stattliches Jahresgehalt von 200 Gulden (Generallandesarchiv Karlsruhe 67, Nr. 807).

11) Auf der ersten Seite des im November 1386 angelegten ersten Matrikelbandes mit einer nach Fakultäten geordneten Auflistung der Magister findet sich der Eintrag von Marsilius gleich zweimal: Zunächst von der anlegenden Hand an der Spitze der unten aufgeführten Artisten *Magister Marsilius de Inghen, canonicus ecclesie s. Andree Colonyensis, Parisiensis* (1) sowie als späterer Nachtrag – wohl von eigener Hand – hinzugefügt *Magister marsilius de Inghen, doctor in sacra theologia* (2) am Ende der Namenliste der Theologischen Fakultät, die ihrem Rang entsprechend oben platziert ist. Der Grund: Marsilius hatte kurz vor seinem Tod noch eine theologische Promotion abgelegt (Abb. rechts, Universitätsarchiv Heidelberg, M 1, fol. 1r, URL: https://digi.ub.uni-heidelberg.de/diglit/uah_m1/ 0003, abgerufen am 12.10.2021).

Bild- und Schriftzeugnisse zu Marsilius von Inghen

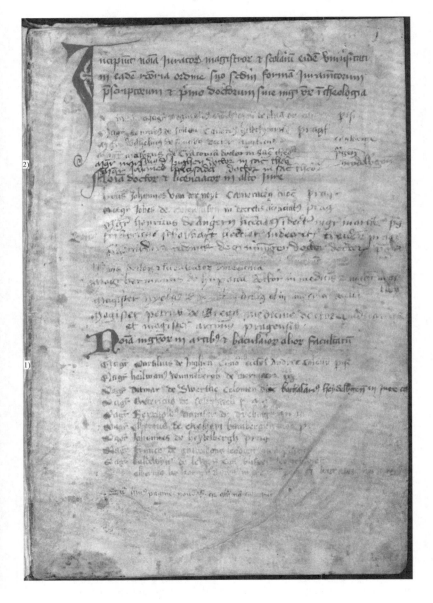

12) Im Verzeichnis der im ersten Rektorat des Marsilius von Inghen inskribierten Scholaren findet sich in Zeile 16 auch *Wolterus de Inghen, can. eccl. s. Marie Traiectensis* (Universitätsarchiv Heidelberg, M1, fol. 2r, URL: https://digi.ub.uni-heidelberg.de/diglit/uah_m1/0005, abgerufen am 12.10.2021).

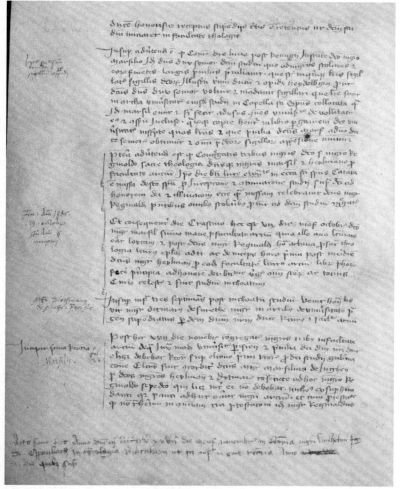

13) Über die Anfänge der Universität Heidelberg sind wir durch Berichte im ältesten Amtsbuch der Juristischen Fakultät gut unterrichtet, das Abschriften aus dem verlorenen ersten Rektorbuch enthält. Es enthält einen Gründungsbericht des Marsilius und die Nachricht seiner Wahl zum ersten Rektor am 17.11.1386 (Universitätsarchiv Heidelberg, RA 653, fol. 35v, URL: https://digi.ub.uni-heidelberg.de/diglit/uah_ra653/0082, abgerufen am 12.10.2021).

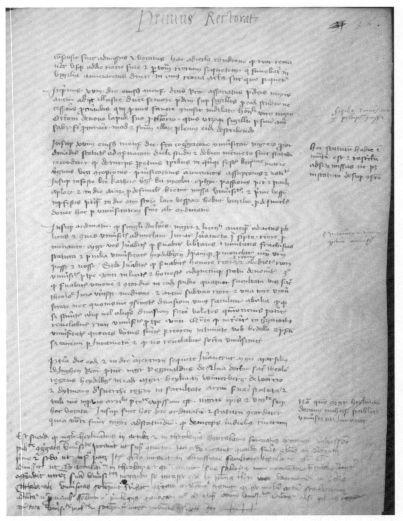

14) Der Bericht über das erste Rektorat beginnt mit der Anfertigung von Universitätssiegeln, der Rektorwahl, Statuten und Vereidigungen (Universitätsarchiv Heidelberg, RA 653, fol. 36r, URL: https://digi.ub.uni-heidelberg.de/diglit/uah_ra653/0083, abgerufen am 12.10.2021).

15) Als das von Pest und Kriegen in Mitleidenschaft gezogene Heidelberg nach der Gründung der Kölner Universität im Jahre 1388 Studierende, Lehrende und sogar den amtierenden Rektor an die neue Konkurrentin verlor, notierte Marsilius von Inghen dies rückblickend (nach Ende des folgenden Rektorates, also nach dem 24. März 1389) in der Matrikel und fügte am Rand hinzu: *Attende hic recessum rectoris propter epydemiam et guerras et fere omnium scolarium et erectionem studij Coloniensis* (Universitätsarchiv Heidelberg, M1, fol. 24r, URL: https://digi.ub.uni-heidelberg.de/diglit/matrikel 1386/0112, abgerufen am 12.10.2021).

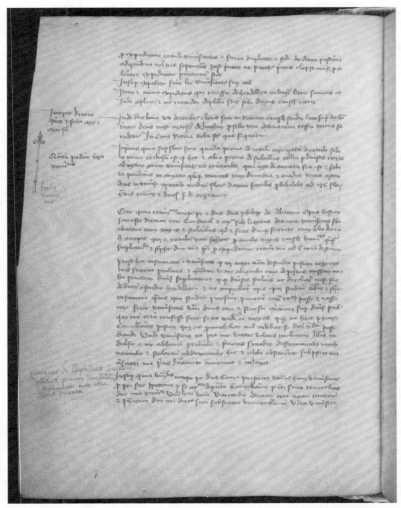

16) Marsilius von Inghen finanzierte aus den 1387 reichhaltig fließenden Rotulusgeldern ein Universitätszepter, wozu er am 21. Juni 1388 noch fehlende Gelder offenbar aus eigener Kasse beisteuerte – Notiz im ältesten Amtsbuch der Juristischen Fakultät mit Einträgen aus dem verlorenen ersten Matrikelband (Universitätsarchiv Heidelberg, RA 653, fol. 40v; URL: https://digi.ub.uni-heidelberg.de/diglit/uah_ra653/0092, abgerufen am 12.10.2021).

Bild- und Schriftzeugnisse zu Marsilius von Inghen 135

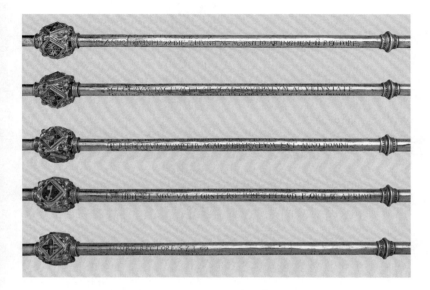

17) Der Stab des 1492 erneuerten und 1581 nochmals reparierten Universitätszepters trägt inschriftlich das Tagesdatum 21. Juni 1388, welches allerdings wohl aus der in Nr. 16 gezeigten Notiz zu den Kosten für die Anfertigung stammt und auch nicht im zweiten Rektorat des Marsilius von Inghen liegt, da dieses bereits im März endete (vgl. Matrikel Toepke 1, S. 29, Anm. 7). Die Inschrift auf dem Zepter-Stab (Fotos R. Deckers-Matzko, KHI Heidelberg) lautet: *ANNO DOMINI 1388 DIE 21 IVNII M(AGISTRO) MARSILIO AB INGHEN II RECTORE SCEPTRVM FACTVM ET AB ACAD(EMIA) VSVRPATVM AC VETVSTATE | DEBILITATVM SVMPTIB(VS) ACADE(MIAE) REPARATVM EST ANNO DOMINI | 1581 DIE 21 NOV(EMBRIS) VAL(ENTINO) FORSTERO IVRE CON(SVLTO) ET COD(ICIS) P(ROFESSORE) ORD(INARIO) AC PRIMO | IN ORD(INE) RECTORE 523.*

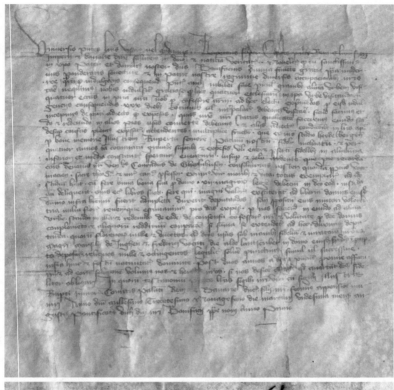

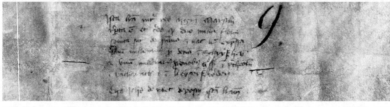

18) Pfalzgraf Ruprecht II. gibt im August 1390 als Ersatz für eine Jubiläumsfahrt nach Rom 3.000 Gulden zur Vollendung des Artistenkollegs und der Bibliothek, *sub manibus fidelium et iuratorum nostrorum Magistri Marsilii de Inghen et Frederici vocati die alde lantscriber*. Auf der Rückseite ist vermerkt, dass sie inhaltlich mit den Zöllen in Bacharach und Kaiserswerth in Zusammenhang stünde und *inter res Magistri Marsilii reperta est* (Universitätsarchiv Heidelberg, XII,2 Nr. 15 URL: https://digi.ub.uni-heidelberg.de/diglit/uah_XII-2_15, abgerufen am 12.10.2021).

19) Marsilius von Inghen sorgte für die Grundlegung des späteren Universitätsarchivs. So ist zum 8. Februar 1388 überliefert, dass die Privilegien der Universität in einer kleinen Kiste *(parva archella)* innerhalb einer verschlossenen Universitätstruhe *(archa universitatis)* hinterlegt wurden, die wiederum hinter dem Hauptaltar von Heiliggeist stand (Universitätsarchiv Heidelberg, RA 653, fol. 41r; URL: https://digi.ub.uni-heidelberg.de/diglit/uah_ra653/ 0093, abgerufen am 12.10.2021).

20) Autograph des Marsilius in der theologischen Sammelhandschrift Biblioteca Apostolica Vaticana, Pal. lat. 306 (Bernardus Claraevallensis; Leo Magnus; Arnoldus Bonaevallensis; Richardus Praemonstratensis) mit der Widmung: *libri beati bernardi multi / ad liberiam universitatis per Manus / mei Marsilii de Inghen;* Übersetzung: „Zahlreiche Bücher des seligen Bernhard [von Clairvaux] an die Universitätsbibliothek, [übergeben] von meiner Hand, Marsilius von Inghen". Es folgt eine Aufzählung der Werke Bernhards (Digitalisat: https://digi.ub.uni-heidelberg.de/diglit/bav_pal_lat_306/0006; Transkription: https://www.uni-heidelberg.de/institute/fak9/mlat/marsilius_von_ inghen.html, aufgerufen am 15.09.2021).

21) Marsilius vermachte der Universität 237 Bücher aus seiner Bibliothek, darunter Werke theologischen Inhalts, juristische Literatur, Bücher über Medizin, Metaphysik, Moralphilosophie, Naturwissenschaften, Mathematik, Logik und Grammatik. Diese Schenkung, zugleich eine Grundlegung der Universitätsbibliothek, wird im ersten Matrikelband detailliert aufgelistet. Er selbst verfasste logische Werke, einen Rhetorik-Kommentar, naturphilosophische Werke, Kommentare über die Metaphysik des Aristoteles, praktisch-philosophische Werke, theologische Werke und kirchenpolitische Schriften (Abb. rechts, Universitätsarchiv Heidelberg, M 1, fol. 126r; URL: https://digi.ub.uni-heidelberg.de/diglit/uah_m1/0255, abgerufen am 12.10.2021).

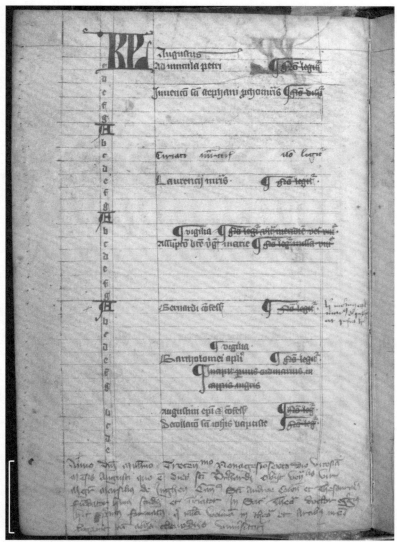

22) Gedenkeintrag für den 1396 am 20. August, *que est dies sancti Bernhardi*, verstorbenen Magister Marsilius von Inghen im Kalender des ersten Matrikelbandes (Universitätsarchiv Heidelberg, M 1, fol. 16v, s.o. S. 32; URL: https://digi.ub.uni-heidelberg.de/diglit/uah_m1/0036, abgerufen am 12.10.2021).

23) Im Amtsbuch der Juristischen Fakultät findet sich eine Zeichnung des heute verlorenen Marsilius-Grabsteins in der Peterskirche als (nachträglicher) Hinweis auf die Textstelle mit der Nachricht von seinem Tod am 20. Augst 1396 und dem Hinweis auf sein Grab vor dem Hochaltar in St. Peter: *Item Anno domini m° ccc° xcvi° die vicesima mensis augusti obiit venerabilis vir magister marsilius de Ingen Canonicus ecclesie sancti andree Colloniensis et Thesaurarius, fundator huius studii et iniciator, In Sacra theologia doctor egregius hic primus formatus, qui multa volumina in theologia et in artibus nostre legavit una cum aliis clenodiis universitati, pro tunc rector. Sepultus apud sanctum petrum in Choro ante altare magnum, cuius anima in pace requiescat* (Universitätsarchiv Heidelberg, RA 653, fol. 61v, URL: https://digi.ub.uni-heidelberg.de/diglit/uah_ra653/0134, abgerufen am 12.10.2021).

Epigrāma in diuū Marsiliū:
sepulchro suo appensum ab ea etate qua non solum non
in germania: verū etiam ne in italia qdem magnus poeti
ce fuit vsus.

Parisius multis: lector dum floruit annis
Ingben doctor: flos fragrans lux animor̄
Professor diuis Marsilius studijs
Qui prior inceptor fulgens studij quoq̢ lector
Haud visu solito Bernardi cernitur vltro
In festo tetra. L. M. duo bis remouet

Anno domini. M. CCC. Lxxxvj. obijt ma%
gister Marsilius de ingben ipo die Bernardi.

Flectamus mentes: omnes iter hoc gradientes
Ad cruce suspensum: placidum pateat quod asylum
In patris solio Marsilio domino

Hoc anno videlic; M. CCCC. xcix.
qui est Centesimus z tercius a morte magistri Marsilij
Preco ad diui Marsilij sectatores exordit dans eis si%
gnum: simulcg inuitās ad meritissimas laudes illius deo
cantandas proposito argumento.

¶. Dicite Marsilio iuuenes pa eana senesc̢
Dicite seu bona sint carmina siue mala
Hoc duce purpureis inuecta est aurea velis
Heccha reo primum philosophia solo
Astra tenent animam: fame non sufficit orbis
Molliter in gremio budoris ossa souet
Dicite Io paean. modo luuidus omnis abesto
Dicite securi luuidus omnis abest.

24) Epigramme zum Lob des Marsilius in der 1499 von Jakob Merstetter – wohl in engem Kontakt mit seinem Lehrer Jakob Wimpfeling – herausgegebenen Gedenkschrift *Ad illustrissimu[m] Bauarie ducem Philippum Comitem Rheni Palatinu[m]. et ad nobilissimos filios epistola. Oratio continens dictiones. clausulas et elegantias oratorias cu[m] signis distinctis. Epigra[m]mata in diuu[m] Marsiliu[m] jnceptorem Plantatoremq[ue] gymnasij Heydelbergensis* (Herzog August Bibliothek Wolfenbüttel, A: 53 Quod. (7), URL: https://diglib. hab.de/ inkunabeln/53-quod-7/start.htm?image=00021, abgerufen am 22.10.2021).

> 54 MONIMENTA
>
> ANNO DOMINI M.CCCQ. XCVI. DIE SANCTI BERNHARDI
> XX. AVGVSTI OBIIT VENERABILIS VIR MAGISTER MAR-
> SILIVS DE INGHEN SACRÆ THEOLOGIÆ PROFESSOR
> EXIMIVS.
>
> MEMO-
> RIÆ.
>
> JAC. KIMEDONCII KEMPII RARÆ
> DOCTRINÆ, RARIORIS VITÆ, RA-
> RISSIMI EXEMPLI THEOLOGI,
> PROFESSORIS CONSILIARII
> LIBB. SUPERST. MOER.
> POSS.
>
> OBIIT HEIDELB. XXVI. NOVEMB. M. D.
> XCVI. INTRA ANNUM ÆTA. XLII. ORBA-
> TUS PAULO ANTE CONTRA VOTUM SUI
> NOMINIS FILIO ANNOR. QUASI XVII.
> SED HEV SVPRA ÆTATEM SVPRA FI-
> DEM. SVPRA SECVLVM
> PIO, MODESTO, ERVDITO
> PLANE QVASI VTERQ. FIRMARET
> DICTVM ILLVD VETVS.
> QVEM DEVS DILIGIT
> MORITVR IVVENIS
>
> A FACIE MALITIÆ
> COLLECTVS
> EST IVSTVS.
>
> Anno

25) Die Inschrift des verlorenen Marsilius-Grabsteins ist bei Melchior Adam, Apographum Monvmentorvm Haidelbergensivm (Haidelbergae 1612, S. 54, oben) überliefert. Übersetzung: „Im Jahr 1396 starb am 20. August, dem Tag des hl. Bernhard, der ehrenwerte Magister Marsilius von Inghen, ausgezeichneter Professor der heiligen Theologie" (Universitätsbibliothek Heidelberg, Barth 94 RES, URL: https://digi.ub.uni-heidelberg.de/diglit/adam1612/0069, abgerufen am 12.10.2021).

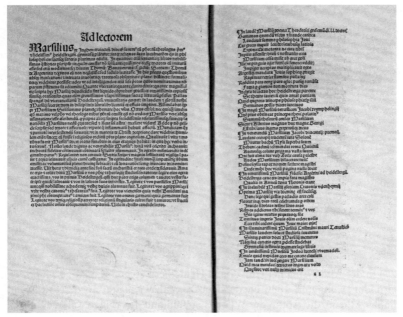

26) Das Werk des Marsilius wurde an den spätmittelalterlichen Universitäten wie bspw. in Wien intensiv rezipiert. Unter dem Titel *Quaestiones super quattuor libros Sententiarum* erschienen 1501 bspw. seine Kommentare zu den Sentenzen des Petrus Lombardus auch im Druck (Universitätsbibliothek Heidelberg, Q 1601 Folio RES; URL: https://heidicon.ub.uni-heidelberg.de/detail/761399, Information: https://www.ub.uni-heidelberg.de/ausstellungen/625jahre2011/exponate/sektion1/01_11.html, abgerufen am 12.10.2021).

27) In der Alten Aula der Universität Heidelberg zeigt das zum 500-jährigen Gründungsjubiläum 1886 entstandene zentrale Gemälde an der Stirnwand Pallas Athene, die Göttin der Wissenschaften und der klugen Kriegsführung, in einem Triumphzug mit Persönlichkeiten aus allen Zeiten der Heidelberger Universitätsgeschichte. Zu sehen ist hier ein Ausschnitt mit der ersten Reihe ihres Gefolges. Dort befinden sich hervorragende Vertreter der Universitätsleitung und der Studentenschaft mit (links) Johannes von Dalberg, Bischof von Worms und Kanzler der Universität im 15. Jahrhundert, Gründungsrektor Marsilius von Inghen (schwarz gekleidet mit Bart in der Mitte) und (rechts) Philipp Melanchthon, Reformator und einer der berühmtesten Alumni der Universität (Foto: Universitätsarchiv Heidelberg, I. Runde, 2021).

Bild- und Schriftzeugnisse zu Marsilius von Inghen 145

28) Eine Gedenkplatte zu Ehren des Gründungsrektors *MARSILIUS VON INGHEN, † 20. AUGUST 1396, BEGRÜNDER UND ERSTER REKTOR DER UNIVERSITÄT HEIDELBERG 1386, IM 625. JAHR DER RUPERTO CAROLA 2011* erstellt, wurde in den Boden der Universitätskapelle in der Heidelberger Peterskirche eingelassen und ersetzt sein verlorenes Grab, das sich dort einst im wohl noch aus romanischer Zeit stammenden Chor vor dem Hochaltar befunden hatte (Foto: Universitätsarchiv Heidelberg, I. Runde, 2021).

**Sitzungsberichte
der Heidelberger Akademie der Wissenschaften**
Stiftung Heinrich Lanz
Philosophisch-historische Klasse
Jahrgang 1921. 4. Abhandlung

Studien zur Spätscholastik
I.

Marsilius von Inghen
und die okkamistische Schule in Deutschland

Von

GERHARD RITTER

29) Marsilius von Inghen stand im Zentrum des 1921 im Winter-Verlag erschienenen ersten von insgesamt drei Bänden G. Ritters zur Spätscholastik.

30) Marsiliusplatz, entstanden im Rahmen der Errichtung der Neuen Universität, benannt 1931 (Foto: Universitätsarchiv Heidelberg, I. Runde, 2021).

31) Das Marsiliuskolleg, gegründet 2007 zur Förderung des interdisziplinären Dialogs, zog Anfang April 2016 im Rahmen eines Festaktes von Haus Buhl in die neu errichteten Marsiliusarkaden (Foto: Universität Heidelberg, KuM).

32) Marsiliusarkaden, errichtet 2015, seit 2016 u.a. Standort des Marsiliuskollegs (Foto: Universität Heidelberg, KuM).

Quellen- und Literaturverzeichnis

Acta Facultatis artium Universitatis Vindobonensis 1385–1416, hg. von Paul UIBLEIN (Publikationen des Instituts für Österreichische Geschichtsforschung, VI. Reihe, 2. Abt.), Graz/Wien/Köln 1968.

Acta Universitatis Heidelbergensis – Die Rektorbücher der Universität Heidelberg, Band 1: 1386–1410, hg. von Jürgen MIETHKE, bearb. von Heiner LUTZMANN/Hermann WEISERT (Libri actorum Universitatis Heidelbergensis, Series A, Reihe A I.1–3), Heidelberg 1986–1999.

ACUP: siehe Auctarium chartularii Universitatis Parisiensis.

ADAM, Melchior: Apographum Monvmentorvm Haidelbergensivm, Haidelbergae 1612.

[Die] Akten der Theologischen Fakultät der Universität Wien (1396–1508), hg. von Paul UIBLEIN, 2 Bde., Wien 1978.

ARNOLD, P. Adalrich: Das Cistercienser-Studienkollegium St. Jakob an der Universität Heidelberg 1387–1523, in: Cistercienser Chronik 48 (1936), S. 33–44, 69–84, 106–120.

Auctarium chartularii Universitatis Parisiensis, Tomus I: Liber Procuratorum Nationis Anglicanae (Alemanniae) in Universitate Parisiensi, hg. von Henricus DENIFLE/Aemilius CHATELAIN, Paris 1894.

AUH: siehe Acta Universitatis Heidelbergensis.

[Die] Baurechnungen der Jahre 1356 bis 1437, hg. von Guido ROTTHOFF/Carl WILKES (Die Stiftskirche des hl. Viktor zu Xanten III.2), Berlin 1957.

BECKER, Hans-Jürgen: Konrad von Gelnhausen. Die kirchenpolitischen Schriften (Konziliengeschichte, Reihe B: Untersuchungen 17), Paderborn 2018.

BERGER, Harald: Art. Albert von Sachsen, in: Die deutsche Literatur des Mittelalters. Verfasserlexikon, 2. Aufl., hg. von Burghart WACHINGER, Bd. 11, Berlin/New York 2004, Sp. 39–56.

BERGER, Harald: Bibliotheca Amploniana Erfordensis. Zu einigen Verfassern, Schriften, Schreibern und Vorbesitzern von und in amplonianischen Handschriften, in: Jahrbuch für mitteldeutsche Kirchen- und Ordensgeschichte 11 (2015), S. 311–333.

BERGER, Harald: Zur Pariser Philosophie des Spätmittelalters und ihrer zeitgenössischen Rezeption, in: Bulletin de Philosophie Médiévale 57 (2015), S. 265–325.

BERGER, Harald: Zu den Philosophica in den mittelalterlichen Seckauer Handschriften der Universitätsbibliothek Graz, in: Libri Seccovienses, hg. von Thomas CSANÁDY/Erich RENHART, Graz 2018, S. 65–82.

BERGER, Harald: A Final Word on the Manuscript Tradition of Albert of Saxony's *Logica*, in: Cahiers de l'Institut du Moyen-Âge grec et latin 89 (2020), S. 51–100.

BERGER, Harald: Das Stift Seckau und die Universität Wien im Mittelalter, in: Künstliche Intelligenz in Bibliotheken, hg. von Christina KÖSTNER-PEMSEL/Elisabeth STADLER/Markus STUMPF (Schriften der Vereinigung Österreichischer Bibliothekarinnen und Bibliothekare 15), Graz 2020, S. 353–366.

BERGER, Harald: Which Hugo? This One! Hugo de Hervorst, in: Vivarium 58 (2020), S. 89–110.

BERGER, Harald: Neue Funde zu Hugo von Hervorst und den Wiener Hugo-Kommentaren, in: Codices Manuscripti & Impressi 121/122 (2020), S. 1–10.

BERGER, Harald: Helmold of Zoltwedel († 1441): His Academic Career, Scientific Works, and Philosophical Alignment, in: Studying the Arts in Late Medieval Bohemia, hg. von Ota PAVLÍČEK (Studia Artistarum 48), Turnhout 2021, S. 175–203.

BERNSTEIN, Alan E.: Pierre d'Ailly and the Blanchard Affair (Studies in Medieval and Reformation Thought 24), Leiden 1978.

BIANCO, Franz Joseph von: Die alte Universität Köln, Bd. 1, 2. Aufl., Köln 1855, Neudruck Aalen 1974.

BLOTEVOGEL, Hans-Heinrich: Gibt es eine Region Niederrhein?, in: Der Kulturraum Niederrhein im 19. und 20. Jahrhundert, hg. von Dieter GEUENICH (Schriftenreihe der Niederrhein-Akademie 2), Bottrop/Essen 1997, S. 155–185.

BÖCK, Matthias: Herzöge und Konflikt. Das spätmittelalterliche Herzogtum Geldern im Spannungsfeld von Dynastie, ständischen Kräften und territorialer Konkurrenz (1339–1543) (Veröffentlichungen des Historischen Vereins für Geldern und Umgegend 110), Geldern 2013.

Bos, E. P.: An Unedited Sophism by Marsilius of Inghen: '*Homo est bos*', in: Vivarium 15 (1977), S. 46–56.

Bos, E. P.: Logica modernorum in Prague about 1400 (Studien und Texte zur Geistesgeschichte des Mittelalters 82), Leiden/Boston 2004.

Bos, Egbert P.: Richard Billingham's *Speculum puerorum*, Some Medieval Commentaries and Aristotle, in: Vivarium 45 (2007), S. 360–373.

Bos, Egbert Peter: Henricus de Coesfeldia as Commentator of Richard Billingham's *De probationibus terminorum*, in: Portraits de maîtres offerts à Olga Weijers, hg. von Claire ANGOTTI/Monica BRÎNZEI/Mariken TEEUWEN (Textes et Études du Moyen Âge 65), Porto 2012, S. 217–232.

BRAAKHUIS, Henk A. G./HOENEN, Maarten J. F. M.: Marsilius of Inghen: A Dutch Philosopher and Theologian, in: Marsilius of Inghen. Acts of the international Marsilius of Inghen Symposium, organized by the Nijmegen Centre for Medieval Studies (CMS), Nijmegen, 18–20 December 1986, ed. Henk A. G. BRAAKHUIS/Maarten J. F. M. HOENEN, Nijmegen 1992, pp. 1–11.

BRANDT, Hans-Jürgen: Universität, Gesellschaft, Politik und Pfründen am Beispiel Konrad von Soltau (†1407), in: The Universities in the Late Middle Ages, ed. Jozef IJSEWIJN/Jacques PAQUET (Mediaevalia Lovaniensia I, Studia VI), Leuven 1978, S. 614–627.

BRANDT, Hans Jürgen/HENGST, Karl: Die Bischöfe und Erzbischöfe von Paderborn, Paderborn 1984.

[Die] Bursenrechnungen des St. Viktor-Stiftes zu Xanten 1401/02 bis 1455/56, bearb. von Dieter LÜCK (Die Stiftskirche des hl. Viktor zu Xanten IX), Kevelaer 1993.

Chartularium Universitatis Parisiensis, Tomus III (1350–1394), hg. von Henricus DENIFLE/Aemilius CHATELAIN, Paris 1894.

CIOLA, Graziana: Marsilius of Inghen on *incipit* and *desinit* in *Consequentiae* II, Chapters 4–5, in: Vivarium 55 (2017), S. 170–198.

CLASSEN, Wilhelm: Das Erzbistum Köln, Band 1, 1. Teil: Archidiakonat von Xanten (Germania sacra, Abteilung 3), Berlin 1938.

Concepts. The Treatises of Thomas of Cleves and Paul of Gelria, hg. von Egbert BOS/Stephen READ (Philosophes médiévaux 42), Louvain-la-Neuve/Louvain/Paris/Sterling, Virginia, 2001.

CORNELIßEN, Christoph: Gerhard Ritter. Geschichtswissenschaft und Politik im 20. Jahrhundert (Schriften des Bundesarchivs 58), Düsseldorf 2001.

COURTENAY, William J.: Theological Bachelors at Paris on the Eve of the Papal Schism. The Academic Environment of Peter of Candia, in: Philosophy and Theology in the Long Middle Ages, hg. von Kent EMERY, Jr./Russell L. FRIEDMAN/Andreas SPEER (Studien und Texte zur Geistesgeschichte des Mittelalters 105), Leiden/Boston 2011, S. 921–952.

COURTENAY, William J.: From Studia to University. Cologne in the Fourteenth Century, in: Wissenschaft mit Zukunft, hg. von SPEER/BERGER, S. 33–50.

CSER, Andreas: Kleine Geschichte der Stadt und Universität Heidelberg, Karlsruhe 2007.

DEBUS, Friedhelm: Zur Entstehung der deutschen Familiennamen. Die hessische Kleinstadt Biedenkopf als Beispiel, in: Name und Geschichte: Henning Kaufmann zum 80. Geburtstag, hg. von Friedhelm DEBUS, München 1978, S. 31–54.

DIEDERICH, Toni: Das Erzbistum Köln, Heft 1: Von den Anfängen in der Römerzeit bis zum Ende des hohen Mittelalters, Kehl am Rhein 1994.

DRÜLL, Dagmar: Heidelberger Gelehrtenlexikon 1386–1651, Berlin/Heidelberg 2002.

DÜCHTING, Reinhard/MIETHKE, Jürgen/SEELIGER-ZEISS, Anneliese/WALZ, Dorothea: Marsilius gedenken. Reden zur Feier anlässlich der Neuausgabe der Gedenkschrift 1499 zum einhundertsten Todestag des Marsilius von Inghen. In der Peterskirche, 16. September 2008, Heidelberg 2008.

EHRLE, Franz Kard.: Der Sentenzenkommentar Peters von Candia, des Pisaner Papstes Alexanders V. (Franziskanische Studien, Beiheft 9), Münster in Westf. 1925.

EMILI, Annamaria: Art. „Henricus de Odendorf", in: Compendium Auctorum Latinorum Medii Aevi (500–1500), Bd. 5, Fasz. 4, Firenze 2016, S. 481f.

FEDERICI VESCOVINI, Graziella: A la recherche du mystérieux Buser, in: English Logic and Semantics, hg. von H. A. G. BRAAKHUIS/C. H. KNEEPKENS/L. M. DE RIJK (Artistarium, Supplementa 1), Nijmegen 1981, S. 443–457.

FEDERICI VESCOVINI, Graziella: „Arti" e filosofia nel secolo XIV, Firenze 1983.

FEY, Carola: Spätmittelalterliche Adelsbegräbnisse im Zeichen von Individualisierung und Institutionalisierung, in: Erinnerung und Tradition in Adelsherrschaft, Tradition und Erinnerung in Adelsherrschaft und bäuerlicher Gesellschaft, hg. von Werner RÖSENER, Göttingen 2003 2003, S. 81–106.

Quellen- und Literaturverzeichnis 153

GAST, Uwe/PARELLO, Daniel/SCHOLZ, Hartmut: Der Altenberger Dom, Regensburg 2008

GATZ, Erwin: Atlas zur Kirche in Geschichte und Gegenwart: Heiliges Römisches Reich – deutschsprachige Länder, hg. in Zusammenarbeit mit Rainald BECKER/Clemens BRODKORB/Helmut FLACHENECKER, Kartographie Karsten BREMER, Regensburg 2009.

GEHRT, Wolf: Die Handschriften der Staats- und Stadtbibliothek Augsburg 4° Cod 1–150 (Handschriftenkataloge der Staats- und Stadtbibliothek Augsburg 6), Wiesbaden 1999.

GERLICH, Alois: Habsburg – Luxemburg – Wittelsbach im Kampf um die deutsche Königskrone. Studien zur Vorgeschichte des Königtums Ruprechts von der Pfalz, Wiesbaden 1960.

GEYER, Bernhard: Die Albert dem Großen zugeschriebene Summa naturalium (Philosophia pauperum) (Beiträge zur Geschichte der Philosophie und Theologie des Mittelalters 35, Heft 1), Münster i. W. 1938.

GIEYSZTOR, Aleksander: Organisation und Ausstattung, in: Geschichte der Universität in Europa, Band 1: Mittelalter, hg. von Walter RÜEGG, München 1993, S. 109–138.

GÖHLER, Hermann: Das Wiener Kollegiat-, nachmals Domkapitel zu St. Stephan in Wien 1365–1554, Dissertation, Universität Wien 1932, hg. von Johannes SEIDL/Angelika ENDE/Johann WEIßENSTEINER, Wien/Köln/Weimar 2015.

GÖLLER, Emil: Clemens VII. von Avignon und das große Schisma in Deutschland, in: Verzeichnis der in den Registern und Kameralakten Clemens' VII. von Avignon vorkommenden Personen, Kirchen und Orte des Deutschen Reiches, seiner Diözesen und Territorien 1378–1394, bearb. von Emil GÖLLER (Repertorium Germanicum 1), Berlin 1916 [Nachdr. 1991], S. 99*–170*.

GRABMANN, Martin: Die Philosophia pauperum und ihr Verfasser Albert von Orlamünde (Beiträge zur Geschichte der Philosophie des Mittelalters 20, Heft 2), Münster i. W. 1918.

GRAMSCH, Robert: Erfurt – Die älteste Hochschule Deutschlands. Vom Generalstudium zur Universität (Schriften des Vereins für die Geschichte und Altertumskunde von Erfurt 9), Erfurt 2012.

GRIESBACH, Dieter/ KRÄMER, Annette/MAISANT, Mechthild: Die Neue Universität, in: Semper apertus. Sechshundert Jahre Ruprecht-Karls-Universität Heidelberg 1386–1986, Band 5: Die Gebäude der Universität Heidelberg, hg. von Peter Anselm RIEDL, Berlin 1985, S. 79–112.

GRÜNENWALD, Lukas: Alte Inschriften und Grabdenkmäler von Neustadt a. H. und Umgebung, Speyer 1908.

Grundriss der Geschichte der Philosophie. Die Philosophie des Mittelalters, Bd. 4/2, hg. von Alexander BRUNGS/Vilem MUDROCH/Peter SCHULTHESS, Basel 2017.

HANTSCHE, Irmgard: Atlas zur Geschichte des Niederrheins (Schriftenreihe der Niederrhein-Akademie 4), Band 1, Bottrop/Essen 1999, 5. Aufl. 2004; Band 2 (Schriftenreihe der Niederrhein-Akademie 8), Bottrop 2008.

HAWICKS, Heike: Xanten im späten Mittelalter. Stift und Stadt im Spannungsfeld zwischen Köln und Kleve (Rheinisches Archiv 150), Köln/Weimar/Wien 2007.

HAWICKS, Heike: Klöster – Kanzler – Konservatoren. Das kirchliche Umfeld der Universität Heidelberg vom späten Mittelalter bis in die frühe Neuzeit, in: Universitäten und ihr Umfeld, hg. von MÜSEGADES/RUNDE, S. 165–199.

HAWICKS, Heike: Universität und landesherrliche Politik: Gründung, Fundierung und Gestaltungskraft der Universität Heidelberg zur Zeit des Abendländischen Schismas und der Konzilien, in: Hochschule und Politik – Politisierung der Universitäten, hg. von Martin KINTZINGER/Wolfgang Eric WAGNER/ Ingo RUNDE (Veröffentlichungen der Gesellschaft für Universitäts- und Wissenschaftsgeschichte 16), Basel 2022, S. 39–63.

HAWICKS, Heike: „Wie die drei Jünglinge im Feuerofen" – Xanten und die kölnisch-klevischen Fehden des 14. und 15. Jahrhunderts vor dem Hintergrund des großen abendländischen Schismas, in: Rheinische Vierteljahrsblätter 76 (2012), S. 91–122.

HAWICKS, Heike/RUNDE, Ingo: Das Offizium Weeze des Xantener Viktorstiftes, in: Weeze und der Raum an Niers und Kendel im Mittelalter (Weezer Archiv 3), hg. von der Gemeindeverwaltung Weeze, Red. Franz-Josef HETJENS, Weeze 2008, S. 101–111.

HAWICKS, Heike/RUNDE, Ingo: Heidelberg and the Holy See – from the Late Medieval Reform Councils to the Reformation in the Electoral Palatinate, in: 1517. Le università e la Riforma protestante. Studi e ricerche nel quinto centenario delle tesi luterane (Studi e ricerche sull'università), ed. Simona NEGRUZZO, Bologna 2018, S. 33–54.

HAWICKS, Heike/RUNDE, Ingo (Hgg.), Universitätsmatrikeln im deutschen Südwesten. Bestände, Erschließung und digitale Präsentation. Beiträge zur Tagung am 16. und 17. Mai 2019 im Universitätsarchiv Heidelberg (Heidelberger Schriften zur Universitätsgeschichte 9), Heidelberg 2020.

Heidelberg und der Heilige Stuhl: siehe Päpste – Kurfürsten – Professoren – Reformatoren. Heidelberg und der Heilige Stuhl von den Reformkonzilien des Mittelalters zur Reformation.

HEIL, Johannes: Juden unter kurpfälzischer Herrschaft, in: Die Wittelsbacher und die Kurpfalz im Mittelalter. Eine Erfolgsgeschichte?, hg. von Jörg PELTZER/Bernd SCHNEIDMÜLLER/Stefan WEINFURTER, Regensburg 2013, S. 281–293.

HEEREMANN, Franziskus OSB: Stift Neuburg, in: Heidelberg. Geschichte und Gestalt, hg. von Elmar MITTLER, Heidelberg 1996, S. 236–241.

HEIMANN, Heinz-Dieter: Hausordnung und Staatsbildung. Innerdynastische Konflikte als Wirkungsfaktoren der Herrschaftsverfestigung bei den wittelsbachischen Rheinpfalzgrafen und den Herzögen von Bayern. Ein Beitrag zum Normenwandel in der Krise des Spätmittelalters, Paderborn/München/Wien/Zürich 1993.

HOENEN, Maarten J.F.M.: Art. „Marsilius of Inghen", in: The Stanford Encyclopedia of Philosophy, hg. von Edward N. ZALTA, im Internet unter https://plato.stanford.edu/entries/marsilius-inghen/, 2001, zuletzt geändert 2021.

HOENEN, Maarten J.F.M.: Marsilius of Inghen. Divine Knowledge in Late Medieval Thought (Studies in the History of Christian Thought 50), Leiden/New York/Köln 1993.

HÖROLDT, Dietrich: Das Stift St. Cassius in Bonn von den Anfängen der Kirche bis zum Jahre 1580 (Bonner Geschichtsblätter 11), Bonn 1957.

HOLZFURTNER, Ludwig: Die Wittelsbacher. Staat und Dynastie in acht Jahrhunderten, Stuttgart 2005.

HUFFSCHMID, Maximilian: Beiträge zur Geschichte der Zisterzienserabtei Schönau bei Heidelberg. IV. Verzeichnis der in Schönau beigesetzten Personen, in: Zeitschrift für die Geschichte des Oberrheins NF 7 (1892), S. 69–103.

HUTH, Volkhard: Zur Bedeutung der Pfalzgräfinnen für die Dynastie der rheinischen Wittelsbacher, in: Die Wittelsbacher und die Kurpfalz im Mittelalter. Eine Erfolgsgeschichte?, hg. von Jörg PELTZER/Bernd SCHNEIDMÜLLER/Stefan WEINFURTER, Regensburg 2013, S. 127–157.

[Die] Inschriften der Stadt Xanten, gesammelt und bearb. von Paul LEY unter Mitarbeit von Helga GIERSIEPEN (Die Deutschen Inschriften 92, Düsseldorfer Reihe 9), Wiesbaden 2017.

Inventar der Urkunden des Stiftsarchivs Xanten (1119–1449), bearb. von Carl WILKES (Inventare nichtstaatlicher Archive 2), Köln 1952.

JAKOBI, Franz-Josef: Ruprecht von Berg, in: Neue Deutsche Biographie (NDB), Band 22, Berlin 2005, S. 287–288.

JANSEN, Rosemarie/JANSEN, Helmut: Die Pest in Heidelberg, in: Semper apertus. Sechshundert Jahre Ruprecht-Karls-Universität Heidelberg 1386 bis 1986, Band 1: Mittelalter und Frühe Neuzeit 1386–1803, hg. von Wilhelm DOERR, Berlin/Heidelberg/New York/Tokyo 1985, S. 371–386.

KEFFER, Hajo: *De Obligationibus*, Leiden/Boston/Köln 2001.

Kleve-Mark Urkunden: 1368–1394. Regesten des Bestandes Kleve-Mark Urkunden im nordrhein-westfälischen Hauptstaatsarchiv in Düsseldorf, bearb. von Wolf-Rüdiger SCHLEIDGEN (Veröffentlichungen der staatlichen Archive des Landes Nordrhein-Westfalen: Reihe C, Quellen und Forschungen 23), Siegburg 1986.

KNEEPKENS, C. H.: The Mysterious Buser Again: William Buser of Heusden and the «Obligationes» Tract «Ob rogatum», in: English Logic in Italy in the 14th and 15th Centuries, hg. von Alfonso MAIERÙ (History of Logic 1), Napoli 1982, S. 147–166.

KNEEPKENS, C. H.: Willem Buser of Heusden's Obligationes-Treatise „Ob rogatum", in: Argumentationstheorie, hg. von Klaus JACOBI (Studien und Texte zur Geistesgeschichte des Mittelalters 38), Leiden/New York/Köln 1993, S. 343–362.

KOHL, Wilhelm (Bearb.): Bistum Münster, Band 4: Das Domstift St. Paulus zu Münster, Band 3 (Germania sacra, N.F. 17,3: Die Bistümer der Kirchenprovinz Köln), Berlin/New York 1989.

KOLODZIEJ, Axel: Herzog Wilhelm I. von Berg (1380–1408) (Bergische Forschungen 29), Neustadt an der Aisch 2005.

KUNZE, Konrad: dtv-Atlas Namenkunde. Vor- und Familiennamen im deutschen Sprachgebiet, 3. Aufl. München 2000.

KREUZER, Georg: Heinrich von Langenstein (Quellen und Forschungen aus dem Gebiet der Geschichte, N. F., Heft 6), Paderborn/München/Wien/Zürich 1987.

LACKNER, Christian: Diplomatische Bemerkungen zum Privileg Herzog Albrechts III. für die Universität Wien vom Jahre 1384, in: Mitteilungen des Instituts für Österreichische Geschichtsforschung 105 (1997), S. 114–129.

LACKNER, Christian: Möglichkeiten und Perspektiven diplomatischer Forschung. Zum Privileg Herzog Albrechts III. für die Universität Wien vom Jahr 1384 (Stabwechsel 4), Wien/Köln/Weimar 2013.

LEPPIN, Volker: Die Heidelberger Disputation, in: Reformation! Der Südwesten und Europa. Begleitband zur Ausstellung, hg. von Alfried WIECZOREK/ Christoph STROHM/Stefan WEINFURTER, Regensburg 2017, S. 31–39.

Lettres d'Urbain V (1362–1370), Tome II (1366–1370), Textes et Analysis, ed. Camille TIHON (Analecta Vaticano-Belgica, Série 1,15), Bruxelles/Paris 1932.

LEWALD, Ursula: Die Ezzonen. Das Schicksal eines rheinischen Fürstengeschlechts, Rheinische Vierteljahrsblätter 43 (1979), S. 120–168.

Liber Procuratorum Nationis Anglicanae 1347–1365, Université de Paris (1215–1794). Faculté des arts. Nation d'Allemagne et al., Conclusions de la Nation d'Angleterre 1347–1365 (URL: https://nubis.univ-paris1.fr/ark:/15733/3mvg, abgerufen am 12.10.2021).

Liber Procuratorum Nationis Anglicanae 1368–1375, Université de Paris (1215–1794). Faculté des arts. Nation d'Allemagne et al., Conclusions de la Nation d'Angleterre 1368–1375 (URL: https://nubis.univ-paris1.fr/ark:/15733/3t0c, abgerufen am 12.10.2021).

LOHR, Charles H.: Medieval Latin Aristotle Commentaries. Authors: Johannes de Kanthi – Myngodus, in: Traditio 27 (1971), S. 251–351.

LOHR, Charles H.: Latin Aristotle Commentaries, I.2 (Unione Accademica Nazionale. Corpus Philosophorum Medii Aevi, Subsidia 18), Firenze 2010.

MÄRKER, Almuth: Amplonius Rating de Bercka (ca. 1365 – 1435) und die Anfänge der Erfurter Universität, in: Große Denker Erfurts und der Erfurter Universität, hg. von Dietmar VON DER PFORDTEN, Göttingen 2002, S. 73–95.

MARKOWSKI, Miecislaus: Repertorium commentariorum medii aevi in Aristotelem Latinorum quae in Bibliotheca Amploniana Erffordiae asservantur, Wrocław/Warszawa/Kraków/Gdańsk/Łódź 1987.

MARKOWSKI, Mieczysław: Art. „Marsilius von Inghen", in: Verfasserlexikon. Die deutsche Literatur des Mittelalters, Band 6, hg. von Kurt RUH, Red. Christine STÖLLINGER-LÖSER, Berlin/New York 1987, S. 136–141.

MARKOWSKI, Mieczysław: Katalog dzieł Marsyliusza z Inghen z ewidencją rękopisów, in: Studia Mediewistyczne 25, 2 (1988), S. 39–132.

Marsilius von Inghen: Commentum in primum et quartum tractatum Petri Hispani, Hagenau 1495, Nachdr. Frankfurt 1967.

Marsilius of Inghen: Treatises on the Properties of Terms, hg. von Egbert P. BOS (Synthese Historical Libary 22), Dordrecht/Boston/Lancaster 1983.

[Die] Matrikel der Universität Heidelberg von 1386 bis 1662. Erster Teil von 1386 bis 1553, bearb. und hg. von Gustav TOEPKE, Heidelberg 1884.

[Die] Matrikel der Universität Heidelberg von 1386 bis 1662. Zweiter Teil von 1554 bis 1662, bearb. und hg. von Gustav TOEPKE, Heidelberg 1886.

Matrikel Toepke: siehe Matrikel der Universität Heidelberg.

MERKEL, Gerhard: Wirtschaftsgeschichte der Universität Heidelberg im 18. Jahrhundert (Veröffentlichungen der Kommission für geschichtliche Landeskunde in Baden-Württemberg: Reihe B, Forschungen 73), Stuttgart 1973.

MERTENS, Melanie: Denkmaltopographie Baden-Württemberg. Band II.5: Stadtkreis Heidelberg, mit Beiträgen von Ulrich BOEYNG, Andreas CSER, Ruth CYPIONKA [u.a.], Ostfildern 2013.

MEUTHEN, Erich: Kölner Universitätsgeschichte, Bd. 1: Die alte Universität, Köln/Wien 1988.

MICHAEL, Bernd: Johannes Buridan. Studien zu seinem Leben, seinen Werken und zur Rezeption seiner Theorien im Europa des späten Mittelalters, Dissertation, Freie Universität Berlin, 1985.

MIETHKE, Jürgen: Marsilius von Inghen als Rektor der Universität Heidelberg, in: Ruperto-Carola 76 (1986), S. 110–120.

MIETHKE, Jürgen: Marsilius als Rektor der Universität Heidelberg, in: Marsilius of Inghen. Acts of the international Marsilius of Inghen Symposium, organized by the Nijmegen Centre for Medieval Studies (CMS), Nijmegen, 18–20 December 1986, ed. Henk A. G. BRAAKHUIS/Maarten J. F. M. HOENEN, Nijmegen 1992, pp. 13–37.

MIETHKE, Jürgen: Marsilius von Inghen in Heidelberg, in: DÜCHTING/MIETHKE/SEELIGER-ZEISS/WALZ, Marsilius gedenken, 2008, S. 7–16.

MIETHKE, Jürgen: The University of Heidelberg and the Jews. Founding and financing the needs of a New University, in: Crossing Boundaries at Medieval Universities, ed. Spencer Young (Education and Society in the Middle Ages and Renaissance 36), Leiden/Boston 2011, S. 317–340; online-Fassung URL: https://archiv.ub.uni-heidelberg.de/volltextserver/11527/1/Miethke_Crossing Boundaries2011.pdf, S. 1–23.

MIHM, Arend: Rheinmaasländische Sprachgeschichte von 1500 bis 1650, in: DERS., Sprachwandel im Spiegel der Schriftlichkeit. Studien zum Zeugniswert der historischen Schreibsprachen des 11. bis 17. Jahrhunderts, hg. von Michael ELMENTALER/Jürgen BIEHL/Beate HENN-MEMMESHEIMER/Jürgen-Matthias SPRINGER, Frankfurt am Main 2007, S. 385–412.

MIHM, Arend: Sprache und Geschichte am unteren Niederrhein, in: Niederdeutsches Jahrbuch 115 (1992), S. 88–122.

MILITZER, Klaus: Art. „Bonn C.2", in: Handbuch Höfe und Residenzen im spätmittelalterlichen Reich. Ein dynastisch-topographisches Handbuch, Band 15.I, Ostfildern 2003, S. 62–64 (URL: https://adw-goe.de/digitale-bibliothek/hoefe-und-residenzen-im-spaetmittelalterlichen-reich/id/rf15_I_121220-1883/, abgerufen am 17.11.2021).

MILITZER, Klaus: Art. „Poppelsdorf C.2", in: Handbuch Höfe und Residenzen im spätmittelalterlichen Reich. Ein dynastisch-topographisches Handbuch, Band 15.I, Ostfildern 2003, S. 458f. (URL: https://adw-goe.de/digitale-bibliothek/hoefe-und-residenzen-im-spaetmittelalterlichen-reich/id/rf15_I_121220-3550/, abgerufen am 17.11.2021).

MÜLLER, Sigrid: Theologie und Philosophie im Spätmittelalter (Studien der Moraltheologie, N. F. 7), Münster 2018.

OBSER, Karl: Zur Geschichte des Heidelberger St. Jakobskollegiums, in: Zeitschrift für die Geschichte des Oberrheins 57 (1903), S. 434–450.

Päpste – Kurfürsten – Professoren – Reformatoren. Heidelberg und der Heilige Stuhl von den Reformkonzilien des Mittelalters zur Reformation. Katalog zur Ausstellung im Kurpfälzischen Museum vom 21.05.–22.10.2017, hg. vom Universitätsarchiv Heidelberg durch Heike HAWICKS/Ingo RUNDE sowie vom Historischen Verein zur Förderung der internationalen Calvinismusforschung e.V./ Kurpfälzischen Museum Heidelberg, Heidelberg/Neustadt a.d.W./Ubstadt-Weiher/Basel 2017 (durchgesehene online-Ausgabe 2018: http://www.uni-heidelberg.de/md/uniarchiv/heidelberg_und_der_heilige_stuhl_web.pdf).

PARELLO, Daniel: Der Fensterschmuck im Kloster Altenberg. Zum Bestand seiner Datierung, in: „Wenn nicht der Herr das Haus baut ..." Altenberg. Vom Zisterzienserkloster zum Bergischen Dom. Festschrift der katholischen Kirchengemeinde St. Mariä Himmelfahrt, Altenberg zur 750 Jahrfeier der Grundsteinlegung des Altenberger Domes, hg. von Petra JANKE/Norbert ORTHEN, Altenberg 2009, S. 41–55.

Peter of Spain (Petrus Hispanus Portugalensis): Tractatus called afterwards Summule logicales, hg. von L. M. DE RIJK (Philosophical Texts and Studies 22), Assen 1972.

PFEIFFER, Götz J.: Die Malerei am Niederrhein und in Westfalen um 1400. Der Meister des Berswordt-Retabels und der Stilwandel der Zeit (Studien zur internationalen Architektur- und Kunstgeschichte 73), Petersberg 2009.

PFEIL, Brigitte: Das „Matrjoschka-Prinzip". Büchersammlungen von Gelehrten und Universitätslehrern des 14. Jahrhunderts im Bestand der Erfurter „Bibliotheca Amploniana", in: Mitteldeutsches Jahrbuch für Kultur und Geschichte 19 (2012), S. 31–47.

POZZI, Lorenzo: La coerenza logica nella teoria medioevale delle obbligazioni. Con l'edizione del trattato «Obligationes» di Guglielmo Buser, Parma 1990.

PSCHLACHER, Conradus: Compendiarius parvorum logicalium liber, Wien 1512, 2. Aufl. 1516.

RALL, Hans/RALL, Marga: Die Wittelsbacher in Lebensbildern, München 2005.

RÄTHER, Hansjoachim: Die Heidelberger Straßennamen. Straßen, Wege, Plätze und Brücken in Heidelberg (Beiträge zur Heidelberger Stadtgeschichte 1), Heidelberg 2015.

READ, Stephen: Thomas of Cleves and Collective Supposition, in: Vivarium 29 (1991), S. 50–84.

[Die] Regesten der Erzbischöfe von Köln im Mittelalter, Bd. 9: 1381–1390 (Friederich von Saarwerden), bearb. von Norbert ANDERNACH, Düsseldorf 1983.

[Die] Regesten der Erzbischöfe von Köln im Mittelalter, Bd. 10: 1391–1400 (Friedrich von Saarwerden), bearb. von Norbert ANDERNACH, Düsseldorf 1987.

[Die] Regesten der Erzbischöfe von Köln im Mittelalter, Bd. 11: 1401–1410 (Friedrich von Saarwerden), bearb. von Norbert ANDERNACH, Düsseldorf 1992.

[Die] Regesten der Erzbischöfe von Köln im Mittelalter, Bd. 12/2: Namen- und Sachindex zu den Bänden 8–12,1 (Friedrich von Saarwerden) 1370–1414, bearb. von Norbert ANDERNACH, Düsseldorf 2001.

Regesten der Pfalzgrafen am Rhein 1214–1508, Band 1: 1214–1400, bearb. von Adolf KOCH/Jakob WILLE, Innsbruck 1894.

REK: siehe Regesten der Erzbischöfe von Köln im Mittelalter.

Repertorium Academicum Germanicum (RAG), im Internet unter https://rag-online.org.

REXROTH, Frank: Deutsche Universitätsstiftungen von Prag bis Köln. Die Intentionen des Stifters und die Wege und Chancen ihrer Verwirklichung im spätmittelalterlichen deutschen Territorialstaat (Beihefte zum Archiv für Kulturgeschichte 34), Köln/Weimar/Wien 1992.

REXROTH, Frank: Wahr oder nützlich? Epistemische Ordnung und institutionelle Praxis an den Universitäten des 13. und 14. Jahrhunderts, in: Wissenschaft mit Zukunft, hg. von SPEER/BERGER, S. 87–114.

[The] Rise of Academic Debates at the Beginning of the Faculty of Theology in Vienna, hg. von Monica BRÎNZEI, in Vorbereitung.

RISSE, Wilhelm: Bibliographia philosophica vetus (Studien und Materialien zur Geschichte der Philosophie 45), Bd. 2, Zürich/New York 1998.

RITTER, Gerhard: Die Heidelberger Universität im Mittelalter (1386–1508). Ein Stück deutscher Geschichte, Heidelberg 1936 [Nachdr. 1986].

RITTER, Gerhard: Studien zur Spätscholastik I. Marsilius von Inghen und die okkamistische Schule in Deutschland (Sitzungsberichte der Heidelberger Akademie der Wissenschaften, Philosophisch-Historische Klasse 1921,4), Heidelberg 1921 [Nachdr. Frankfurt/Main 1985].

RITTER, Gerhard: Studien zur Spätscholastik II. Via antiqua und via moderna auf den deutschen Universitäten des XV. Jahrhunderts (Sitzungsberichte der Heidelberger Akademie der Wissenschaften, Philosophisch-Historische Klasse 1922,7), Heidelberg 1922.

RITTER, Gerhard: Studien zur Spätscholastik III. Neue Quellenstücke zur Theologie des Johann von Wesel (Sitzungsberichte der Heidelberger Akademie der Wissenschaften, Philosophisch-Historische Klasse 1926/27,5), Heidelberg 1927.

ROTHENBERGER, Alexandra: Die Zepter der Universität Heidelberg. Eine stilkritische Datierung, Masterarbeit Universität Heidelberg 2015.

Rotuli Parisienses. Supplications to the Pope from the University of Paris, Bd. 1–3, hg. von William J. COURTENAY/Eric D. GODDARD, Leiden/Boston/Köln 2002, 2004, 2013.

ROTZOLL, Maike: Closed but open – Universität in Seuchenzeiten (Freundeskreis für Archiv und Museum der Universität Heidelberg e. V., Neujahrsblatt 2021) [Heidelberg 2021].

RPR: siehe Regesten der Pfalzgrafen am Rhein.

RUNDE, Ingo: From university matriculation registers to historical personal database – digitisation, indexing and prosopographic classification, in: Acta Universitatis Carolinae – Historia Universitatis Carolinae Pragensis 60/1 (2020), S. 171–186 (URL: https://karolinum.cz/data/clanek/8852/HUCP_60_1_0171.pdf).

RUNDE, Ingo: Konrad von Gelnhausen – erster Kanzler und Mäzen der Universität Heidelberg, in: Gelnhäuser Geschichtsblätter 2014/15, S. 54–76.

RUNDE, Ingo: Statuten und Reformen der Universität Heidelberg im Kontext von Politik, Religion und Wissenschaft – von der Gründungsphase bis zum Ausgang des 16. Jahrhunderts, in: Universitäten und ihr Umfeld, hg. von MÜSEGADES/RUNDE, S. 35–72.

RÜTHING, Heinrich: Der Kartäuser Heinrich Egher von Kalkar 1328–1408 (Veröffentlichungen des Max-Planck-Instituts für Geschichte 18 = Studien zur Germania Sacra 8), Göttingen 1967.

SAUERLAND, Heinrich Volbert: Vatikanische biographische Notizen zur Geschichte des XIV. und XV. Jahrhunderts, in: Jahrbuch der Gesellschaft für Lothringische Geschichte und Altertumskunde 21,2 (1909), S. 349–355.

SCHAAB, Meinrad: Die Zisterzienserabtei Schönau im Odenwald (Heidelberger Veröffentlichungen zur Landesgeschichte und Landeskunde 8), Heidelberg 1963.

SCHAAB, Meinrad: Geschichte der Kurpfalz, Band 1: Mittelalter, Stuttgart 1988.

SCHAUMBURG, Ernst von: Die Schlacht im Cleverhamm, den 7. Juni 1397, in: Annalen des Historischen Vereins für den Niederrhein 9/10 (1861), S. 81–106.

SCHEUERBRANDT, Arnold: Die ersten urkundlichen Erwähnungen Heidelbergs, in: Heidelberg. Geschichte und Gestalt, hg. von Elmar MITTLER, Heidelberg 1996, S. 46–47.

SCHILP, Thomas: Berswordt – eine Familie der Dortmunder Führungselite des Mittelalters, in: Der Berswordt-Meister und die Dortmunder Malerei um 1400. Stadtkultur im Spätmittelalter, hg. von Andrea ZUPANCIC/Thomas SCHILP (Veröffentlichungen / Stadtarchiv Dortmund 18), Bielefeld 2002, S. 139–144.

SCHILTBERGER, Hans: Als Sklave im Osmanischen Reich und bei den Tataren 1394–1427. Aus dem Mittelhochdeutschen übertragen und hg. von Ulrich SCHLEMMER (Alte abenteuerliche Reiseberichte), Stuttgart 1983.

SCHLECHTER, Armin: Vom frühen Mittelalter bis zum 19. Jahrhundert, in: 1250 Jahre Bergheim 769–2019, hg. von Jo-Hannes BAUER/Hans-Martin MUMM, Heidelberg 2019, S. 25–29.

SCHMID, Wolfgang Maria: Zur Geschichte der Juden in Passau, in: Zeitschrift für die Geschichte der Juden in Deutschland 1 (1929), S. 119–135.

SCHMIDT, Aloys/HEIMPEL, Hermann: Winand von Steeg (1371–1453), ein mittelrheinischer Gelehrter und Künstler und die Bilderhandschrift über Zollfreiheit des Bacharacher Pfarrweins auf dem Rhein aus dem Jahr 1426 (Handschrift 12 des Bayerischen Geheimen Hausarchivs zu München) (Abhandlungen / Bayerische Akademie der Wissenschaften, Philosophisch-Historische Klasse, N.F. 81), München 1977.

SCHMITZ, Ludwig: Conrad von Soltau, Diss. Jena 1891.

SCHMUTZ, Jürg: Die Supplikenrotuli der Universitäten Heidelberg und Köln 1389–1425 als Instrumente der Studienfinanzierung, in: Zeitschrift für Historische Forschung 23 (1996), S. 145–167.

SCHOTTMANN, Jochen: Der Prozess um Kaiserswerth und den dortigen Rheinzoll vor dem Reichskammergericht 1596–1767, in: Düsseldorfer Jahrbuch Bd. 74 (2003), S. 105–178.

SCHULZE, Manfred: Art. „Marsilius von Inghen", in: Biographisch-Bibliographisches Kirchenlexikon, begr. und hg. von Friedrich Wilhem BAUTZ, fortgeführt von Traugott BAUTZ, Band 16, Ergänzungen III, Herzberg 1999, Sp. 988–1001.

SCHUM, Wilhelm: Beschreibendes Verzeichniss der Amplonianischen Handschriften-Sammlung zu Erfurt, Berlin 1887.

SEELIGER-ZEISS, Anneliese: Das Grabmal des Marsilius von Inghen, in: DÜCHTING/MIETHKE/SEELIGER-ZEISS/WALZ, Marsilius gedenken, 2008, S. 21–25

SECHLER, Stephanie: Rectors of the 14th Century University of Paris: An Institutional and Prosopographical Study, Dissertation, University of Wisconsin, Madison, 1997.

SHANK, Michael H.: „Unless You Believe, You Shall Not Understand". Logic, University, and Society in Late Medieval Vienna, Princeton/New Jersey 1988.

SOHN, Georg: Rede vom Ursprung der Universität Heidelberg 1587. Faksimile der Erstveröffentlichung (Heidelberg, Lancellot) 1615, Heidelberg 1988.

SOKOLSKAYA, Maria: Paul von Geldern – Ein Wiener Universitätstheologe aus dem Ende des 14. Jahrhunderts, in: Jahrbuch für mitteldeutsche Kirchen- und Ordensgeschichte 8 (2012), S. 193–236.

SPIEß, Karl-Heinz: Erbteilung, dynastische Räson und transpersonale Herrschaftsvorstellung. Die Pfalzgrafen bei Rhein im späten Mittelalter, in: Die Pfalz. Probleme einer Begriffsgeschichte vom Kaiserpalast auf dem Palatin bis zum heutigen Regierungsbezirk. Referate und Aussprachen der Arbeitstagung vom 4.–6. Oktober 1988 in St. Martin/Pfalz, hg. von Franz STAAB (Veröffentlichungen der pfälzischen Gesellschaft zur Förderung der Wissenschaften in Speyer 81), Speyer 1990, 159–181.

STEGMUELLER, Fridericus: Repertorium Biblicum Medii Aevi, Bd. 3, Madrid 1951, 2. Aufl. 1981.

STROTKÖTTER, Gerhard: Die ehemaligen Dorstener Bauerngüter, in: Zeitschrift der Vereine für Orts- und Heimatskunde im Veste und Kreise Recklinghausen 6 (1896), 57–98.

TANAKA, Mineo: La nation anglo-allemande de l'Université de Paris à la fin du Moyen Age (Mélanges de la Bibliothèque de la Sorbonne 20), Paris 1990.

THEISEN, Karl Henrich: Die Benediktiner-Abtei Prüm und die von ihr ausgehenden Kollegiatstifte Münstereifel, Prüm und St. Goar 720–1802. Personaldaten, Rottach-Egern 2014.

THORBECKE, August: Die älteste Zeit der Universität Heidelberg 1386–1449, Heidelberg 1886.

TOEPKE, Gustav: Die Harzer und deren Nachbarn auf der Universität Heidelberg in den Jahren 1386–1662, in: Zeitschrift des Harz-Vereins für Geschichte und Altertumskunde 13 1880 (1881), S. 139–189.

UB Lacomblet: siehe Urkundenbuch für die Geschichte des Niederrheins.

UB Winkelmann: siehe Urkundenbuch der Universität Heidelberg.

UIBLEIN, Paul: Die Universität Wien im Mittelalter. Beiträge und Forschungen, hg. von Kurt MÜHLBERGER/Karl KADLETZ (Schriftenreihe des Universitätsarchivs Universität Wien 11), Wien 1999.

Universitäten und ihr Umfeld. Südwesten und Reich in Mittelalter und Früher Neuzeit. Beiträge zur Tagung im Universitätsarchiv Heidelberg am 6. und 7. Oktober 2016 (Heidelberger Schriften zur Universitätsgeschichte 7), hg. von Benjamin MÜSEGADES/Ingo RUNDE, Heidelberg 2019.

Urkunden Sauerland: siehe Urkunden und Regesten zur Geschichte der Rheinlande.

Urkunden und Regesten zur Geschichte der Rheinlande aus dem vatikanischen Archiv, Band 6: 1378–1399, bearb. von Heinrich Volbert SAUERLAND (Publikationen der Gesellschaft für Rheinische Geschichtskunde 23), Bonn 1912.

Urkundenbuch der Universität Heidelberg, Band 1: Urkunden, Band 2: Regesten, hg. von Eduard WINKELMANN, Heidelberg 1886.

Urkundenbuch für die Geschichte des Niederrheins oder des Erzstifts Köln, der Fürstentümer Jülich und Berg, Geldern, Mörs, Kleve und Mark, und der Reichsstifte Elten, Essen und Werden, hg. von Theodor Joseph LACOMBLET, Band 3: 1301–1400, 2. Ndr. Aalen 1966 [1853].

Verzeichnis der in den Registern und Kameralakten Clemens' VII. von Avignon vorkommenden Personen, Kirchen und Orte des Deutschen Reiches, seiner Diözesen und Territorien 1378–1394, bearb. von Emil GÖLLER (Repertorium Germanicum 1), Berlin 1916.

VINCKE, Johannes: Ruprecht von der Pfalz und Martin von Aragon, in: Festschrift für Hermann Heimpel zum 70. Geburtstag, 2. Band, hg. von den Mitarbeitern des Max-Planck-Instituts für Geschichte, Göttingen 1972, S. 500–539.

VORBRODT, Günter W./VORBRODT, Ingeburg: Die akademischen Szepter und Stäbe in Europa, Textband (Corpus sceptrorum / Heidelberger Akademie der Wissenschaften 1,1), Heidelberg 1971.

[Die] Wachszinspflichtigen des St. Viktor-Stiftes zu Xanten, bearb. von Friedrich Wilhelm OEDIGER/Klaus VAN EICKELS (Die Stiftskirche des hl. Viktor zu Xanten VIII.1), Kevelaer 1991.

WAGNER, Ulrich: Regesten der Bruderschaft des Heidelberger Hofgesindes 1380–1414 (Schriftenreihe des Stadtarchivs Heidelberg 10), Heidelberg/Ubstadt-Weiher/Basel 2017.

WAGNER, Wolfgang Eric: Die spätmittelalterliche Universität Heidelberg als Zeitgruppe. Der akademische Kalender zwischen Kirchenjahr und pfalzgräflicher Memoria, in: Universitäten und ihr Umfeld, hg. von MÜSEGADES/RUNDE, S. 201–227.

WAGNER, Wolfgang Eric: Universitätsstift und Kollegium in Prag, Wien und Heidelberg. Eine vergleichende Untersuchung spätmittelalterlicher Stiftungen im Spannungsfeld von Herrschaft und Genossenschaft (Europa im Mittelalter 2), Berlin 1999.

WAL, Johann de: Nederlanders Studenten te Heidelberg, Leiden 1886.

WALZ, Dorothea/DÜCHTING, Reinhard (Hgg.): Marsilius von Inghen. Gedenkschrift 1499 zum einhundertsten Todestag des Gründungsrektors der Universität Heidelberg (Lateinische Literatur im deutschen Südwesten 1), Heidelberg 2008.

WEIBELS, Franz: Die Großgrundherrschaft Xanten im Mittelalter. Studien und Quellen zur Verwaltung eines mittelalterlichen Stifts am unteren Niederrhein (Niederrheinische Landeskunde 3), Neustadt/Aisch 1959.

WEIJERS, Olga: Le travail intellectuel à la Faculté des arts de Paris: textes et maîtres (ca. 1200–1500), Fasz. 1-9 (Studia Artistarum 1, 3, 6, 9, 11, 13, 15, 25, 33), Turnhout 1994, 1996, 1998, 2001, 2003, 2005, 2007, 2010, 2012.

WEILER, Antonius Gerardus: Heinrich von Gorkum († 1431). Seine Stellung in der Philosophie und der Theologie des Spätmittelalters, Hilversum/Einsiedeln/Zürich/Köln 1962.

WEINFURTER, Stefan: Staufische Grundlagen der Pfalzgrafschaft bei Rhein, in: Die Wittelsbacher und die Kurpfalz im Mittelalter. Eine Erfolgsgeschichte?, hg. von Jörg PELTZER/Bernd SCHNEIDMÜLLER/Stefan WEINFURTER, Regensburg 2013, S. 11–22.

WEISERT, Hermann: Die Verfassung der Universität Heidelberg. Überblick 1386–1952 (Abhandlungen der Heidelberger Akademie der Wissenschaften, Philosophisch-Historische Klasse 1974,2), Heidelberg 1974.

WEISERT, Hermann/DRÜLL, Dagmar/KRITZER, Eva: Rektoren, Dekane, Prorektoren, Kanzler, Vizekanzler, Kaufmännische Direktoren des Klinikums der Universität Heidelberg, 1386–2006, Heidelberg 2007.

WERNER, Wilfried: Die mittelalterlichen nichtliturgischen Handschriften des Zisterzienserklosters Salem, Wiesbaden 2000.

WILKES, Carl: Studien zur Topographie der Xantener Immunität, in: Annalen des Historischen Vereins für den Niederrhein 151/152 (1952), S. 7–153.

Wissenschaft mit Zukunft. Die ‚alte' Kölner Universität im Kontext der europäischen Universitätsgeschichte, hg. von Andreas SPEER/Andreas BERGER (Studien zur Geschichte der Universität Köln 19), Köln/Weimar/Wien 2016.

WITT, Jeffrey C.: Peter Plaoul and Intuitive Knowledge, in: Philosophical Psychology in Late-Medieval Commentaries on Peter Lombard's *Sentences*, hg. von Monica BRÎNZEI/Christopher D. SCHABEL (Rencontres de Philosophie Médiévale 21), Turnhout 2020, S. 81–102.

WOJTCZAK, Hanna: Marsyliusza z Inghen. „Quaestiones super librum Praedicamentorum Aristotelis". Edycja krytyczna i analiza historyczno-folozoficzna, Lublin 2008.

WOJTCZAK, Hanna/STANEK, Maciej: Marsilius of Inghen's (?) Question *Utrum dialectica est ars artium et scientia scientiarum* Preserved in Cod. Oxford, Bodleian Library, Canon. Misc. 381, in: Bochumer Philosophisches Jahrbuch für Antike und Mittelalter 21 (2018), S. 165–182.

WOLGAST, Eike: Die Universität Heidelberg 1386–1986, Berlin/Heidelberg/ New York/London/Paris/Tokyo 1986.

WORSTBROCK, F. J.: Art. Heinrich von Coesfeld, in: Die deutsche Literatur des Mittelalters. Verfasserlexikon, 2. Aufl., Bd. 11, hg. von Burghart WACHINGER, Berlin/New York 2004, Sp. 616–623.

YOCUM, D.: Art. Henricus de Coesveldia, in: Compendium Auctorum Latinorum Medii Aevi (500–1500), Bd. 5, Firenze 2017, S. 372f.

ZIWES, Franz-Josef: Die Juden im mittelalterlichen Heidelberg, in: Geschichte der Juden in Heidelberg mit Beiträgen von Andreas CSER et al., Heidelberg 1996, S. 15–41.

ZIWES, Franz-Josef: Studien zur Geschichte der Juden im mittleren Rheingebiet während des hohen und späten Mittelalters, Hannover 1995, S. 252–255.

ZUPANCIC, Andrea: Die anderen Werke des Berswordt-Meisters, in: Der Berswordt-Meister und die Dortmunder Malerei um 1400. Stadtkultur im Spätmittelalter, hg. von Andrea ZUPANCIC/ Thomas SCHILP (Veröffentlichungen / Stadtarchiv Dortmund 18), Bielefeld 2002, S. 165–221.

Zu den Autoren

Harald Berger ist Assoziierter Professor am Institut für Philosophie der Universität Graz, habilitiert ist er für das ganze Fach Philosophie, Geschichte der Philosophie ist aber sein Schwerpunkt. In der Lehre deckt er Antike, Mittelalter und Frühe Neuzeit ab, in der Forschung ist er auf die lateinische Philosophie des Spätmittelalters spezialisiert, einschließlich Handschriftenforschung, Universitäts- und Gelehrtengeschichte usw. Er hat bis jetzt etwa 80 Titel dazu publiziert, darunter die Bücher Albert von Sachsen, Logik (Hamburg: Meiner 2010), und Heinrich Totting von Oyta, Schriften zur Ars vetus (München: BAW 2015), den Artikel zu Albert von Sachsen im Verfasserlexikon (Bd. 11, 2004), zuletzt Aufsätze zu Hugo von Hervorst und Helmold von Salzwedel.

Heike Hawicks ist Lehrbeauftragte für Mittelalterliche Geschichte, Landes- und Universitätsgeschichte sowie Historische Grundwissenschaften an den Universitäten Heidelberg und Mannheim. Zugleich ist sie Vorsitzende des Freundeskreises für Archiv und Museum der Universität Heidelberg. Im Zentrum ihrer Forschungen steht die mittelalterliche und frühneuzeitliche Geschichte der Pfalzgrafen und ihrer Universität. Zuvor lehrte und forschte sie an den Universitätsstandorten Duisburg und Essen. Dort lagen die Schwerpunkte ihrer Arbeiten in der spätmittelalterlichen Sprache und Geschichte der Niederrheinlande. Promoviert wurde sie mit einer Arbeit über „Xanten im späten Mittelalter. Stift und Stadt im Spannungsfeld zwischen Köln und Kleve".